活人剣

村嶋恒徳 著

剣に殺活二様の剣があるわけではなく、同じ一本の刀を持っても、これを使用する人、その使用の目的、あるいはその結果によって活人剣ともなり殺人剣ともなると言われます。

活人剣は人を生かす名刀であり、徳の至りたるものと言われています。

はじめに

【私を生んだのは父母である。私を人たらしめるのは教師である。】

これは『武士道』（新渡戸稲造著）の中の一文です。私がこの本の製作に着手するきっかけとなった一行といっても過言ではありません。

私は、剣道を教える教師です。教師として、生徒を本当の人として育てたのか、剣道は本当に人造りに役立ったのかという自分への問いかけが始まりでした。

剣道はもちろん「勝ち」を求めて立ち合いますが、勝つためにどう努力したか、どう工夫したかがすべてを左右します。では、どのように工夫・努力するのかの問題ですが、その源が知識であり、心の豊かさであり、視野の広さなのです。つまり、これから述べようとするところです。

《人たる生き方》ということを焦点に、個別的で、一言では言い尽くせないものを《剣道をする》という側面から見ようと思います。

身の回りのすべてのことへのかかわり方が、剣の心に通じています。もっと深く、広く剣の心をとらえることは、未来に夢をもって生きる心を更に豊かにするものと信じます。

さて、国立青少年教育機構（青少年教育研究センター）による世界の子供を対象とした調査の中で「自分は価値のある人間か？」という問いかけをしたそうです。その結果、欧米、中国、韓国の子供の八割が、「価値のある人間と思う」と答えました。ところが日本の子供は四割だったそうです。また、「親を尊敬する」という子供は、主だった国々では九割であるのに対し、日本では二・五割しかありませんでした。同様に「教師を尊敬する」と答えた子供は、他国では八割という結果に対し日本の子供は二割しかいなかったそうです。これは、現代の日本を反映する特徴であり、将来への強烈な危機感を覚えた次第です。納得のいかない結果です。

親、先生、先輩も人です。学ぶ自分も人です。そうした意味で、「人は人から何を学び、人たらしめるのか」そして、「未来の子ども達に何を伝え残すのか」という大きな課題を胸において本書をまとめた次第です。

学び、求め、そして、剣の心を活かして生きてほしい。日本人として誇りをもって溌剌と生きてほしい。その原点を未来の子供に伝えてほしい。そして、立派な仕事をし、社会の大事な役割を担う大人になってからでも、『人とは……』と自己に問いかけながら生きてほしい。これが、私の考える「活人剣」です。

東京高等師範学校で学んだ先生の著作『正眼の文化』・『永遠なる剣道』などは、ある意味で活人剣について述べられたものです。本書はそれらを手本とした私の指導の経験や、私がその時々で雑誌や書物、先輩の話などで感動したことを書き残したものです。様々の角度から、活人剣の要素となるであろうことを取り上げてみました。

活人剣　もくじ

《正しいことの根拠》

《剣の技と美の心》

《言葉に秘められた極意》

《先生と呼ばれる人》

《あの手・この手・奥の手》

《地球家族として》

《世界文化であるために》

《学ぶということ》

人は学ぶという行為により生きていくより良い方向を選択できる能力を得ることができるのです。たとえば、熱い湯気をはくヤカンを触ったとき、熱いと言って手を竦めます。これが学びです。その経験から、その後は、状況を判断し、触らないものです。そうした学びから価値観と世界観を形成しながら幸せをめざして生き続けるのです。

本当の答え

「学ぶ」ということのために、明星大学の教授の高橋史朗先生は『ホリスティック教育』という文章の中で、こんなことを言っています。

「日本の学校教育は、効率を追求するために、まとめの思考に立って教師の虎の巻などであらかじめ正解が一つだけと予定されていて、教師は一定のレールに沿って生徒を大急ぎで正解に向かわせる。そして正しい答え以外はすべて『間違い』として否定してしまうわけである。この正解唯一主義に問題があることは、小林秀雄、黒井千次、後藤明生、など、日本を代表する高名な作家達も指摘している。彼らは、自分の作品が国語の試験問題に出され『作者の意図を最もよく表しているものを次の中から選べ』という問いに、模範解答をみて、原作者である本人でさえも、解答通りに答えられないと述べているそうだ。わたし自身も筑波大学の小論文問題にだされて同様の体験をした」と言っています。『**【黙】**Magazine for de-facto-standard MOKU』（ＭＯＫＵ出版）

私がここで言いたいのは、疑いや興味を持って更に掘り下げることが生きる姿勢であり大切だということです。本当の答えは、その次にあるかもしれません。点数や間違いの数のみにとらわれてはいけないのです。

剣道においても、面はどう打つのですか？と聞かれても、答えはいくつもあります。だから、私は、自分の疑問の本当の答えを聞くために、「相手が出ようとするところを面を打ちたいのですが、出遅れてしまいます。出遅れないために、こうしていますが、それでいいでしょうか?」というように聞くようにしています。

さて次のような英文があります。

They are ill discoverers that think there is no land when they can see nothing but sea.

イギリスの哲学者で政治家で文人のフランシス・ベイコンの言葉です。生涯官職にありながら、哲学的著述に従事し、科学的実験を重んじる経験論哲学の祖となった人です。この文は、「海しか見えないからといって陸がないと思うのは、探している人間が無能なのである」と訳すのだそうです。私自身、無能だなと思わざるを得ないことが多々あります。さあ、もう一つ掘り下げて、本当の答えを、海の先の陸に見つけてみよう。

努力こそが近道

「これを学ぼう」という意欲と信念は、何事をも解決の道へと導きます。私達は、なにか効率のよいものはないかと考えています。そこで、もっとすごい近道の逸話を紹介します。

有名剣豪の弟子になろうと一人の若者が先生の門前にてお願いしました。しかし、先生は「弟子はとらない。帰りなさい」との答えでした。若者はここで帰ったら決心して出てきた意味がないと門前に座り込みました。一晩あけても、いっこうに帰ろうとしない若者に先生はしかたなく「この大きな瓶に、その井戸から水を汲んでいっぱいにしなさい。もしできたら弟子にしてやろう」と言いました。なんだ簡単なことだと若者は井戸のつるべを引きました。すると何と桶の底がぬけているではありませんか。二日目の夜が明けて、先生は、若者があきらめて帰っただろうと雨戸をあけると、若者は、つるべの底の抜けた桶からたれるしずくを瓶にためて一杯にしていたのです。晴れて若者は弟子にしてもらったのです。こつこつと努力し積み重ねることこそ、目的達成の近道という話です。

こんな話もあります。川上哲治氏（巨人軍九連覇時の監督）が、幼少時代に凧揚げをしていました。タコ糸がもつれてどうしようもありません。川上氏がタコ糸を切ろうとすると、川上氏の父が「糸は切ってしまえば、一本の糸には戻らない」と言ったそうです。川上氏は一時間かけて元の状態にしたそうです。その言葉を忘れず、生涯、あきらめず根気よくやることを生きる基本としたそうです。

我慢

茨城県の相知館道場の手拭いには、我慢・忍耐の【忍】の一字が書いてあります。忍という字は、心に刃を突き付けて生きるということです。よほど強い覚悟がないと自分に刃を突き付けることはできません。その我慢についてです。

「モノグラフ・高校生ｖｏｌ１５８」その中の、我慢度の差と学校生活についての研究のデータがあります。我慢度の強い生徒は、学校内での生活時間を、それほど長いとは感じていません。一方、我慢できない生徒は、昼休み以外の時間はどれも長いと感じているようです。我慢度の強い生徒は授業への参加意欲が高く、授業中の集中力の欠如も少なく、消極的拒否の態度もあまりとらないのです。しかし、我慢度の低い生徒は、授業への参加意欲は低く、集中力にも乏しく、消極的拒否態度を時々示すのです。部活動への参加加入状況別では、熱心に活動している者には我慢強い生徒が多く、入ったことがない生徒や、今は入っていない生徒に我慢度の低い生徒が多いというデータがでています。クラスの成績別では、我慢強い生徒の層に「中の上」以上の生徒が多く、我慢できない層には、「下の方」の生徒が多いようです。卒業後の進路別では、我慢度の低い生徒に「就職志望やまだ決めていない」生徒が多くみられ、一方では難しい四年制の大学を志望している生徒が多いのです。また、計画性の有無別では、殆どの項目で計画性の有る方が無い方よりも耐性が高いのです。我慢度を高めることが、生活の目標達成度も上ることを参考にしてください。

結果を急ぐな

早く成果を出したいと望むことは誰しも同じです。しかし、それが焦りとなって、思うように目標達成に至らないことがあります。このような話があります。

ある一人の少年が、剣の達人の弟子となりました。弟子は先生に「私が努力すれば何年で上達出来るでしょうか」と尋ねました。師は「十年はかかる」と答えました。弟子はさらに言葉を続け「父も歳をとりましたので、世話をしなければなりません。私がもっと熱心に学ぶとすれば、何年で上達しますか」と尋ねました。師は「うーむ、それなら三十年はかかる」と答えました。弟子が「さっきは十年とおっしゃり、今度は三十年とおっしゃる……。私はどんな苦労もいとわず学びたいのです」と。すると師は「それならわしについて七十年は学ばねばならないな」と答えられたのです。

早く結果を欲しいと功をあせる人の大半は、えてして失敗するのだそうです。師は焦る気持ちを見抜いて七十年かかると言われたのです（『マンガ禅の思想』蔡志忠作画・講談社より）。

結果を急ぐなという教えです。

この心境を桜美林高校の伊藤隆吉先生は、【今日の日は雨か嵐か知らねども、今日の勤めの田草採るなり】と歌われました。先を急がず、毎日淡々とやるべきことをやれば、必ず実り、しかるべき時に収穫の時期が来るものであるという意味なのでしょう。

書くという行為

「書く」と言う行為は、学ぶという行為の大事な方法の一つと考えています。現代、スマートフォンでメモを取ることができます。コンパクトに結果を残すことができます。しかし、ノートにペンで書き、赤ペンで修正して結論へ近づけていくと、そのノートに思考の過程が残るのです。実際、この本の制作にあたって、ノートには赤ペンで丸印が何重にもあり、青ペンで矢印が残っています。これが、思考の後であり、「学び」なのです。それから、パソコンのキーボードがカチカチと音を鳴らすのです。

さて、剣道の修行で「書く」という行為が如何に重要かを『みんなの剣道』で紹介しましたが、剣道ノートで考えてみましょう。筑波大学、渡辺厚子氏の研究によれば、寒稽古十日間と合宿六日間に日記を付ける群と付けない群に分けて練習し、その練習の技術的変化を第三者がチェックする実験及び自己の概念の変化テストを行なった報告をしています。

日数が短かったにもかかわらず、日記を付けた群では過敏性因子（鈍感な―敏感な、元気な―病弱な、信じやすい―懐疑的、安定な―不安定な）と理知性因子（感情的な―理性的な、大人っぽい―子供っぽい、慎重な―軽率な、冷静な―情熱的な）の自己概念に大きく変化がみられるのです。また、その期間の目標に対し、初日は精神面たとえば「足に注意して大きな打ちができるよう頑張る」から

「妥協せず頑張る。左足、腹を据える」と、精神面と技術面を関連付けて考えるようになり、後半には「腹を据えて、構えを注意し、左足で大きく正しい打ちを身につける」と技術面の課題設定が細かくなり、自分の理想の剣道を造り上げようと変化しています。それを見学記録した第三者の評価も足幅の開きが明らかに修正されています。

このように、日記をつけることによって自分自身を分析したり、客観視できるようになります。その結果反省点がみつかり、次の日の課題や目標設定が明確になり、練習に意欲的に取り組むことができると考えられるのです。そして自信や心理状態が安定するのです。

勿論、自己満足に終わらないよう、また自分自身の考えが良いのか、悪いのか分からないときもあるので、先生に時々コメントを貰う方がより効果は上がると期待されます。

人間的な悩みも含めて毎日日記を提出させてコメント書く指導者も少なくありません。

ペンで自分自身を、自分の行為を、自分を取り巻く抽象化したものを具体化してみてください。それも「学ぶ」と言うことだと思います。

アングルを変えてみる

『自己向上』の学びために、今までの見方をちょっと変えてみてはどうでしょう。『朝まで討論』の評論家・田原総一朗氏が、『ヤジウマ精神と志の喪失』と題うった文の中での話です。

テレビディレクター時代、全学連と機動隊の衝突を取材した時、カメラをどの位置に設置するかが一番の問題になったそうです。『機動隊の後ろにカメラを置くと学生たちがヘルメットをかぶって覆面をし、角材を手にして石を投げ、火炎ビンを投げながらカメラに向かって突進してくるのが見え、そういう映像をみた視聴者は、過激派学生を狂気の集団と思うのです。反対にカメラを学生の後ろにおくと、万全の装備に身を包んだ機動隊がガス弾や催涙ガスを放ちながらバリケードを破り突進してくるありさまが映像に映し出されると、正常の感覚なら国家権力の暴力に恐怖心を抱くだろう』と述べています。また、クレショフの、著書『映像の芸術』『映画演出の基礎』は映画の世界を志す者のバイブル的書であるそうです。その中に『英雄や権力者を強調したい時は、カメラのアングルを下から仰ぐように撮ればいい。人間の孤独や寂しさを表現したい時は斜め上から撮ればいい。』と書いています。『【黙】Magazine for de-facto-standard MOKU』（MOKU出版）

ここで言いたいのは、ものの見え方は見る位置によって変わるのであり、だからこそ、物事をある一点からだけ見て、それだけで判断して良いのだろうかということです。たとえば、皆さんが学校において（あるいは職場で）、不平を思うとき、それは、確かに少なからず理由があると思うのですが、いざ卒業してみると、それが、かえって良かったと思えたりするのは何故なのでしょう。それは、「見る」「考える」位置、つまりカメラのアングルが違うからなのです。単に「生徒」というアングルだけで判断していたからです。

自分自身を、友人のアングル、教師のアングル、職場の上司、そして親や世界の中の一人というアングルから覗いてみてはどうでしょうか。きっと何かに気付くかもしれないのです。

さて、その上で次に大事なことは、自分はどのような被写体を撮るのかが重要です。先生と呼ばれる人でも、生徒側のアングルのみで覗き判断し、迎合してしまう教師もいます。それでは、生徒も、大人のアングルで考えたり行動することができなくなってしまいます。

複数のアングルで物事を見て判断することが、自分を成長させる方法と考えます。

集中

集中して学ぶことは、後に結果として差が出ることは周知のところです。

市川俊英氏（元三井不動産常務）から『心で打つインナーテニス』（W・ティモシー・ガルウェイ著、後藤新弥訳）という本が送ってきました。『みんなの剣道』の精神部分を読んで、ゴルフの大会に臨んで優勝されたそうです。そのお礼にとして、賞金で愛読書を新しく買って送っていただいたのです。集中力について、この本ではこのように述べています。人間には物事を淡々と見て、それが何なのか判断し、分析する力があります。自分自身の中にその運動をリズムよく淡々とこなす自分がいます。これを仮にセルフAとします。そしてその行為に判断したり、クレームをつけたり、指示したりする自分がいます。この自分をセルフBとします。たとえば、『面がきまった』と見ます。これはセルフAの仕事です。これを打ったやつは強そうだと判断したのはセルフBの仕事なのです。また、小手にとどかなかった。これはセルフAです。なんでここで小手を打ったんだろうばかだなと思ったことはセルフBの仕業なのです。また、正坐している時、ドーンと音がしたと認識したのはセルフA、太鼓の音だと判断したのはセルフBです。スポーツで失敗するときは、セルフBが多くかかわっていて、成功していた動作のリズムがくるってきているのです。常にセルフAで競技を行うのです。このセルフAのみで動いている時を集中した状態と言われています。

無欲

剣豪と言えば、宮本武蔵を誰しも上位にランクインさせるでしょう。宮本武蔵は晩年肥後熊本藩主細川家に招かれて客分となりました。武蔵は剣術の他にも鍔（ツバ）の彫刻や画にも優れていました。ある時、藩主忠利に所望され、面前でダルマの画筆をとることになりましたが、作品は武蔵自身も気に入らない作品の出来ばえになってしまいました。己の絵の未熟さを恥じた武蔵は自室にとじこもり、剣術でおくれをとったことのない自分がなぜだろうと深く考えました。「剣をとって立った時の自分は無念無想である。心中に勝敗の思いなく、ただその場の理にしたがって動くから間違えたことはない。にもかかわらず、今日君前で不本意な画を描いたのは剣道の極意を忘れたからである。筆をとるのも同じで紙に対しても、敵に対するのと同様の覚悟をせず、うまく描こうと思った心の滞り、心身の運動を拘束して筆法が渋滞したものである」と悟りました。それから武蔵は自由自在、大いに上達したと言うことです（近世名家書画談）。

剣術と画も、面だけを打とうと決めて打ちに出たり、画を上手に描いて見せようと欲張ると、逆に相手に見えなかった自分の色がハッキリと現れ隙となってしまうのです。道元禅師が「流水腐らず」と言ったように、心気を停滞させないことは、筆にも刀にも、共通してるところです。我欲を捨て、無心で取り組むときが自分を一番発揮するのです。

記憶

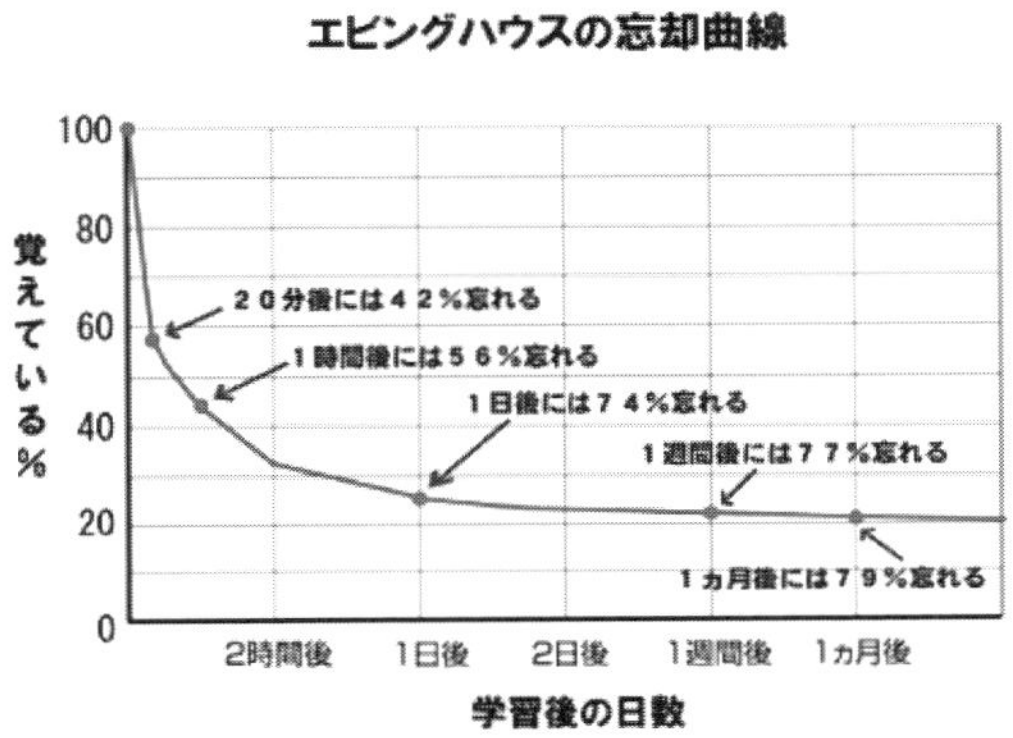

試験の結果の反省面接でよく聞くのが「ケアレスミスです」という言葉です。これは完全に記憶が定着していないからです。また、試験前だけは勉強していますが、普段に集中して学習していない人たちは、試験前はかなりやったつもりだが結果は芳しくなかったと言います。

そこで、記憶について知り、復習方法を工夫し、学習の時間の使い方を考え直しましょう。では、エピングハウスの忘却曲線(free-academy.jp/junior/index.php?)から考えてみます。具体的にどれくらい忘れてしまうかと言うと、二十分後…42%、一時間後…56%、一日後…74%、一週間後…77%、一か月後…79%を忘れてしまいます。つまり、一日経てば学習した内容の74%は頭から蒸発してしまいます。逆を言えば一回の学習で26%が中期記憶に定着されているということです。

また、学習して一日経つと26%が定着しているわけですから、このタイミングで復習することで、忘れてしまった74%の内の26%(19・24%)がさらに定着します。よって、26+19・24=45・24%が中期記憶として定着するのです。この繰り返し復習で長期記憶は定着するのです。

だから、数十分後にもう一度復習するだけで記憶の定着率は大きく異なります。忘却曲線からわかる通り、数十分後はおよそ半分の知識が記憶から揮発しています。このタイミングで復習することで忘却率の減少を大きく抑えることができます。たとえば、二十分後に復習した場合と、しない場合は、最後に学習したときから一時間後記憶率は、1・72倍も高くなります。ちなみに、二十分後に復習した場合と、しない場合は、最後に学習したときから一日後記憶率は、2・65倍も高くなります。理論上の数値とはいえ二十分後の復習は一日後の復習より大きく勝ります。一日後の忘却率と一週間後の忘却率は3％しか違いはありませんが、できるだけ早く復習すると記憶が鮮明なため早くよみがえります。一週間以上経つとところどころ忘れていることがあって、最初に記憶したときと同じくらい時間が必要になります。再認可忘却と完全忘却と言います。

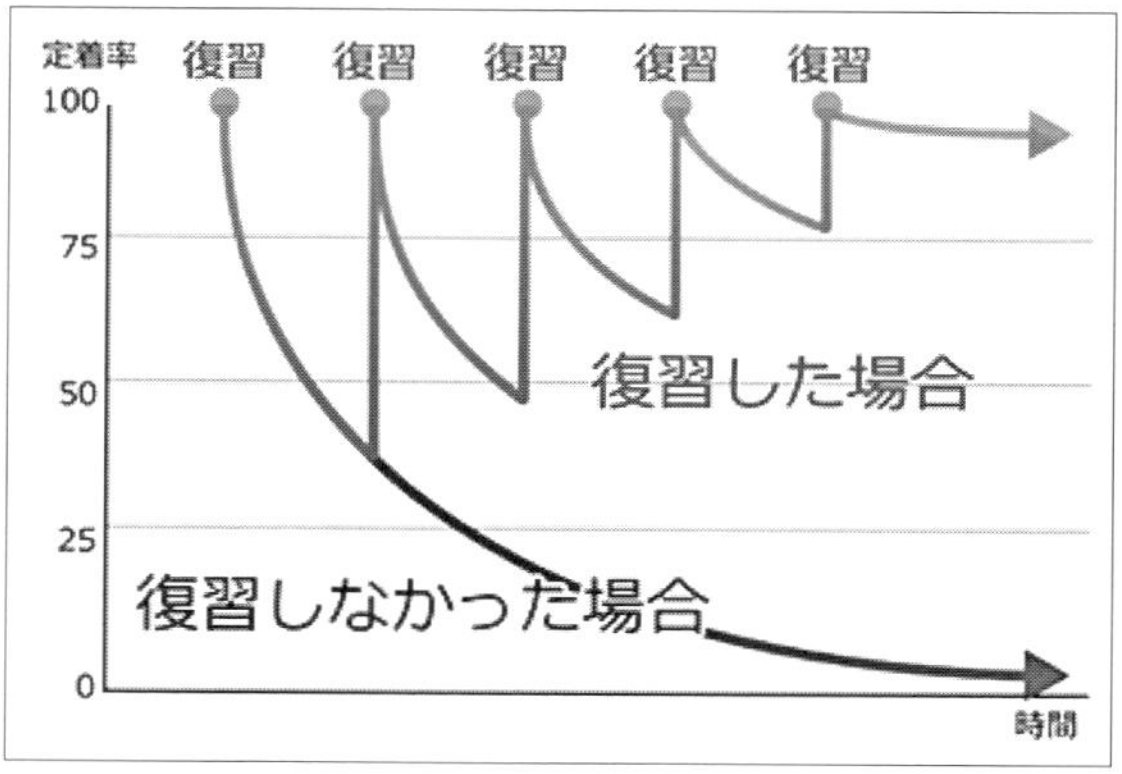

「完全に忘れている」と「すぐ思い出せるけど忘れている」の質の違いが復習に掛ける時間に影響するのです。一週後に総仕上げの復習をするのが良いでしょう。

何手目の技

十代棋士の藤井聡太氏は、将棋のプロ昇進を果たし、記録をどんどん塗り替えて進行中の天才と呼ばれる棋士です（中学二年生・十四歳で連勝記録歴代一位を達成）。

将棋の一手は、自分が駒を一つ動かし一手、そして相手が駒を一つ動かし、二手目と数えていきます。将棋の手の可能性は「十の二百二十乗」と言われています。プロ棋士でも全部読むことは不可能です。

東京学芸大学の奥村基生先生は、剣道の技を将棋と同じ数え方で何手の技か研究されています。小手を打つぞとフェイントをかけ空を打って一手、そこを相手が面を打ってきて二手目・その面を返して胴を打てば三手の技になります。剣道の一流選手は五手以上の技を五種類以上使えるそうです。中学生の試合を見ていて多くて三手の技であり、ほとんどが一手か二手です。練習で工夫すればもっと強くなるはずです。しかし、藤井棋士は、最後まで読み切っているわけではなく直観を大切にしていると言っています。剣道でも、直観を大切にしながら五手以上の技を身体が反応するように繰り返し反復することが学習なのではないでしょうか。

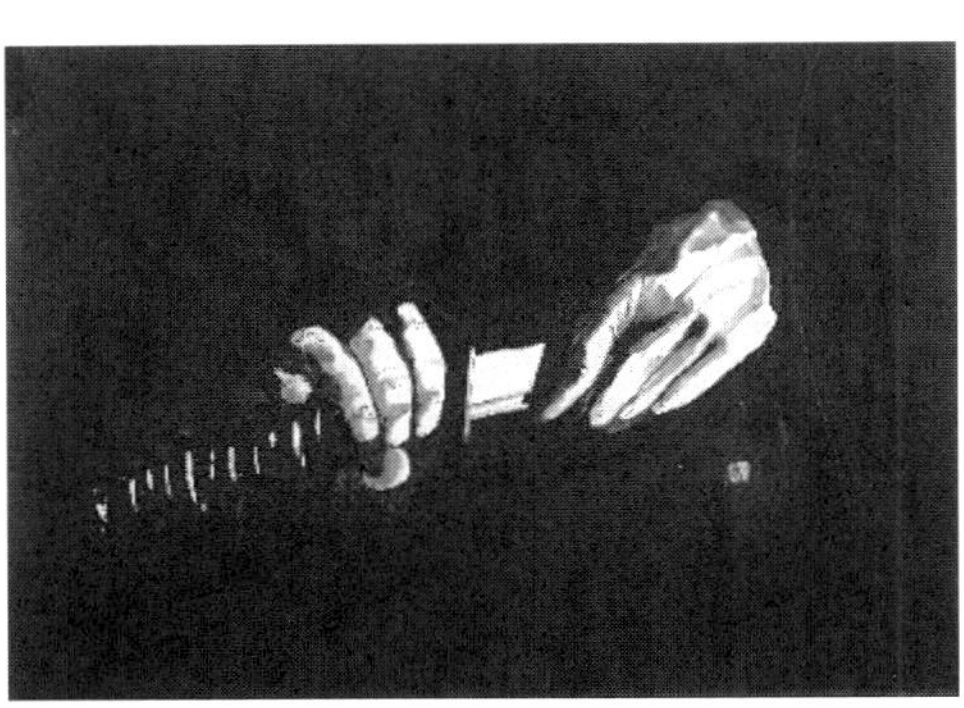

頭陀袋

昔の歌舞伎役者の芸談を集めたものに、早稲田大学演劇博物館所蔵の「役者論語」という書物があります。その中に当時の名優とうたわれた坂田藤十郎の歌舞伎役者としての心構えを説いた髄質「あやめ草」という文章が収められているそうです。日常生活すべてにおいて、舞台上の為の勉強や研究を忘れてはならないと説いています。道を歩いているときも、ぼんやりと歩かず、目に映る物、気の付くことは注意して心にとどめておくべきであると言っています。やがて、舞台に立った時に、いつか役に立つときがあるからです。そして、あたかも、乞食が道に落ちている物をなんでも拾って、下げている頭陀袋（ズダブクロ）、いわいる乞食袋の中にと入りいれることに例えています。【佐藤卯吉著『永遠なる剣道』講談社より】

頭陀袋が満杯になるくらい学んでください。色々なものを見て、聞いて感動できれば頭陀袋は満杯です。

《前向きに生きる》

【負けないことは立派
負けたことに
負けないことは
尚　立派】

という言葉が京都の或るお寺にあるそうです。これこそが前向きの姿です。

前向き

良き生徒像の捉え方として「前向き」と「自律」という言葉が最も多く表現されます。その行動面をつなぎ合わせると次のようになります。

何事にも失敗を恐れず、真剣に、精一杯、前向きに、積極的に、そして明るく努力できる生徒です。そして、その行動は、プライドを持ち、誰がみていなくとも紳士的に振舞うことができ、今、自分のやるべきことをしっかりと判断し、正しい行動をする生徒です。

また、自律精神を持って正々堂々とした正義感をもち、さらに、互いの異質性を認めつつ、ともに生きていける関係を築けるやさしい心も持ち合わせている生徒です。その生活姿勢は、自分の将来を考えながら、部活、学校行事ともに積極的に参加し、かつ学習意欲も高く前向きな生徒です。

前とは、未来であり、自分の将来であり、明日の自分であり、一秒先の自分でもあります。また、自分の目の前にある人であり、自分を取り囲む社会であり、学園生活全てです。横を向いて話をせず話を聞く（考える）ことが、前向きであり、目の前の人にさわやかに挨拶することが前向きであり、わからないことを分かろうとすることが前向きです。出来ないことをできるようになろうと思い努力することが前向きです。

剣道に限らず、強くなりたいと思い続けることが全てを解決するのです。

前進

ラグビーの選手に好きな言葉を聞くと、「前進」という答えが多く返ってきました。前進を英語で何というかを調べますと、いろいろな場面でたくさんの使い方があります。その中で、forwardとaheadの二つの単語がよく使われています。この二つの単語はニュアンスはいくらか違っています。forwardは自分の進む方向が決まっていて、それに沿って「進める」イメージです。すでに計画や企画があって、それに沿って進めるような時に使われています。aheadは今とは違う別のことへ「進める」イメージです。現在の延長線上ではなく、計画なども含めて、「するか、しないか」と言うことが意味の中心になります。

平昌オリンピックで金メダルを期待されながら残念な結果に終わった選手へのインタビューで、選手が次のステージに向けた意欲的な言葉を返してくれています。やはり、トップレベルの選手は気持ちの切り替えが早く、メンタル的に前を向いていると感じますが、もし、これを英訳したとすれば、forwardが多く、壁が見えていてそれでもぶち当たるしかないときはaheadなわけです。次の北京オリンピックに向けて努力する・チャレンジする意味ときは、keep on tryingの前進でと使います。

どちらにせよ前進あるのみの選手の方々に感動です。

あきらめない姿勢

百二十二対〇、さて何の試合かわかりますか。

バスケットボールでもなくラグビーでもなく、野球なのです。青森県の東奥義塾高校と深浦高校の試合です。これまでの公式戦での得点記録は七十二対〇（昭和十一年記録）という記録が残されていますが、それを大きく超えるものでした。あまりの得点差に深浦の工藤監督は、グランド整備の時間に「試合をやめるという方法もある。どうだ」と放棄試合もできることを促しました。しかし、二人の三年生の角谷主将と佐藤選手の返事は「続けたいです」「スタンドからは応援や声援がありますが止められません」でした。三年生の決意に全員の気持ちが決まりました。この苦労を全員で乗り切ろうという意志の方が強かったのです。激戦三時間四十七分の末に試合は終わった時、両軍にスタンドから大きな拍手が鳴り止まなかったことは言うまでもないことでした。

ドーハの悲劇と言われるサッカーワールドカップアジア予選で、アディショナルタイムで一点を奪われ、残り数十秒となって皆が倒れ崩れる中、日本の中山選手がボールを抱え上げ『まだだ』と叫びながらキックオフサークルに駆ける姿が記憶に強固です。これが、現代の日本サッカーに繋がっていると私は思っています。

あきらめない姿こそが、次のステージへの出発点なのです。

やらない勇気

「実行する源は、実行しない源でもある」これはアリストテレスの言葉です。さて、学生時代、朝、起きたらこんな詞が枕元においてありました。きっと、昨日飲んだ先輩の中のひとりが残してくださったものだろう。

【大いにやれ！　今、やれ！
他人がやれないことをやれ！
やれないのは弱いからだ。
やってはいけない時には、やるな！　やってはいけない場所ではやるな！
やってはいけない人にはやるな！　やってはいけないことはやるな！
やらないでいられることは強いからだ。
何をやるか、いつやるか、どこでやるかは、お前次第。
できた時には、強いも弱いも超えている。】

剣道でも打って出る勇気より、打たないでいることも勇気もがいるものです。思いを口に出さないで懐で温めることも同じです。この詩が今の剣道人生でも役立っています。

Excellent

学生時代、初めて渡米した時、メキシコまで足を踏み入れようとバス旅行をしました。そのバスセンターで「Two way ticket please」と言うと英語もまともにできない私にチケット売り場の女性は「Excellent」言い、紙にかいた申し込み書の間違いをいろいろ訂正してくれました。日本だと「ここは、間違っていますから訂正してください」とか言われそうですけど、外国では、そうではありませんでした。すごいと思いました。評価しながら自分はもっと上だよ。というやり取りをするのです。日本は逆で、「あいつはだめだよ」と言って、相手を見下げて自分が上だよと表現することが多く見られます。日本人は、ここを変えれば、もっと関係はうまくいくと思いますし、警戒感なく、積極的に生きられると思うのです。

全体を見つめる

さて、問題です。上の字は身体の一部の漢字です。この中で一番大きな漢字はどれでしょう。

わかりましたか。答えは「腕」ではありません。そうです。正解は「口」です。腕と答えた人は、漢字は四角い枠の中にしかないと決め込んで答えを探した人でしょう。そこにとらわれて、全体を大きな視野で見なかったわけです。

『木を見て、森を見ず』とか常に全体をみることは昔から大事とされてきました。大学時代の中野八十二先生は、よく私達に囲碁を勧めました。将棋より囲碁だと言われました。将棋はその場面での駒得が大きく勝敗を左右します。しかし、囲碁はその時はリードしているように見えても、全体を見ると損をしていることが多々あります。全体を良く見て、肉を切らして骨を断つ心境を学べと先生は言われていたのでしょう。あるいは、目先の勝ちより、全体の勝ちのことを考えて行動せよとの教えだったのでしょうか。

　このような剣の極意逸話もあります。《千葉周作は昼から釣りに出かけました。岸辺で小魚をつり、船頭とともに酒を酌み交わしながら寝入ってしまいました。ふと目を覚ますと船は流された様子で、夜もふけて周りは真っ暗です。船頭は急いで松明（たいまつ）に火をつけました。名人周作は水鳥の鳴き声をたよりに、船頭は潮の流れをたよりに岸辺にやっとの思いでたどり着きました。そこに心配して待っていたのは、船宿の主人でした。そして船頭を叱りつけたのです。「なぜ松明を捨てない。捨ててしまえば、何処かに明かりが必ずある。そこが岸辺だ」。この言葉を聞いて周作は名人の極意を学んだ気がしました。》

　人は、得てして松明のように自分の周りだけの明かりにこだわっているものです。それを先ず捨てることは心細いことですが、捨ててこそ全体が見えるものなのです。常に、その全体とは何なのか、大目標は何なのか分かっていることが重要になってくるのです。

　たとえば今日という一日は、若き日の全体の一日であるかもしれません。もっと大きくは個人の行動でありながら、見方によっては全体は日本人の行動であったりします。そう大げさに考えなくとも、身近なことでも全体を忘れて駒得だけを見ていることが沢山あるのです。

　テストの点だけを気にして、本当の答えから遠ざかっているかもしれません。

　周りの人を盛り上げているつもりでも、本当は周りを苦しめているかもしれません。自分だけ負けたからと言ってふさぎ込んでばかりは、次の対戦の為にチームとしては士気が上がりません。だから、いつも全体は何か確認して取り組むことは大事なことです。

奪われないプラスの財産

成人式の番組である人が二十代に人から奪われないプラスの財産を作る事が大事と言っていました。財とは宝であり、人間の物質的・精神的生活に何らかの効用を持っているものです。それを手に入れるために対価を必要としないものを自由財（空気、川の水類）、必要とするものを経済材といいます。財産とは個人または集団の所有する財の集合体です。また、一定の目的の下に結合している経済的価値のあるものの総体です。有体物及び権利・義務ばかりでなく顧客関係のような事実関係、積極財産（資産）及び消極財産（負債）を含むのです。みなさんの財とはなんでしょうか。


一緒に頑張った部活の仲間・親友……自分を高めてくれました。

寒稽古を五日間乗り切った事実……自信が付きました。

研修として、台湾、イギリス、オーストラリアに行った……広い視野ができました。

卒業生を送る会を運営……送られる側を主体と考えた企画力、統率力が身に付きました。

全中に出た、インターハイに出た、花園に出た、無線で全国制覇したという事実……自信と、そのときでしかできない一瞬を得ました。等々。


意外と素晴らしい財産を得ていることに気づいていないかもしれません。どうしたらその財が得られるのでしょうか。それは、財を持っている人の共通点は目標があり、我慢の度合いが高い人ほど財をもっているようです。

Seize the day

「Seize the day」とは「今を生きよ」と訳します。これは、アカデミー賞を取った「DEAD POETS SOCIETY」という映画（一九八九年・ピーター・ウィアー監督）中で、教師役のロビン・ウィリアムのセリフです。そのストーリーの前半を紹介しますと、一九五九年、バーモントにある全寮制の名門進学校にやってきた新任の英語教師がマジメくさった詩の教科書を破り捨て、机に立ち、物事は常に別の視点で見なければならないと言い放つなど、破天荒な授業を通して詩の美しさや人生の素晴らしさを説くのです。この教師に惹かれた生徒たちがトキメキを感じながら生き生きと変わっていくのです。教師と生徒たちの心温まる交流を描いた青春ドラマ作品です。その教師のセリフの「今をもっと生き生きと」という「今」より、もっとピンポイントで「今、その一瞬」に何をするべきかの話があります。お釈迦様の話しです。

ある時、お釈迦様が大怪我をし、息も絶え絶えに大木の根っこに横たわっていた時のことです。信者が歩み寄り「これからどう生きるか」説教を下さいとお願いしました。そこでお釈迦様はただただ説教をしたそうです。ただ、それだけの話しです。しかし、我々が同じ状況にあったときその様に説教をしてあげられるでしょうか。たとえば「医者！医者だ！」と叫ぶかもしれません。ここでは、今できることをしなさいとの教えです。一秒後は過去、もう返ってこないのです。だからこそ今の瞬間をしっかり生きるのだと身をもって説教したそうです。

新しいことに取り組む時、まずは行動を起こさねば始まりません。そんな時、何から手を付けてよいか分らない時に、こうした時、『今できることから始めよ』という前向きな教えです。

どうしても、学習や仕事が手につかない時があります。それをスイッチオンにするために、私の場合はまず、机の上をかたづけて掃除をします。いずれやらねばならない簡単なことからやり出します。そうすれば、だんだんと優先順位が頭に浮かんできます。動き出すサイドブレーキを外してやると動き出すのです。

今が大事と言っているもう一つの言葉を紹介します。『幸福が来たら前髪をつかめ、後ろは剥げているからね』。これはレオナルドダビンチの手記です（岩波文庫・杉浦明平訳）。後からやっぱりやろうと思っても、やるところがなかったりします。恋愛もタイミングを逸すると冷めているとダビンチは言っているのでしょうか。流行語になった言葉を使えば「今でしょ」となります。

本当の自由

自由とは『形』から脱することだと言う若者がいます。決め事やルールに反することができることが自分の強さの表現と言った生徒もいます。

そのカタについて考えてみましょう。

「カタ」とは、「鋳型」のことで、たとえば土でカタどったものを「型」という漢字で意味しているのです。それに「チ」、即ち「血」「生命力」をいれたものが「カタチ」なのです。

日本文化の芸道などでも、師匠の「形」をひたすら練習するのが修行であり、そうして自分独自の形をもつようになるのだそうです。筑波大学の故中林先生は、「『形』を脱することが『自由』であるとは、そもそも間違いであり、強制力や社会の圧迫を『形』と誤解しているのである」と言っています。さらに、「形から脱するのではなく、形を持ちながら、どのようなことにも対応できることが真の自由なのである」とも述べています。そうした意味でしっかりと形を守り、また私たちの「形」を作り上げていって欲しいと思います。一生を決定する大切にする一コマが若いときに必ずあります。形を持ち、それを自在に使い、その一コマを見つけ出せるといいですね。それが、真の自由なのです。

悩みを崩す

大学時代の話です。加藤澤男先生（筑波大学名誉教授）を当時、寮でお見かけしました。メキシコ、ミュンヘンとオリンピックで金メダルを取って、三回連続でモントリオールオリンピックの出場を決められた日のことでした。日本で最多の金メダルを八個もっておられる体操の先生です。

水洗い場でビールのジョッキにバラの花を生けておられました。出場決定の祝賀会の後らしく、大学の体操部主将の吉田君がお酒で酔いつぶれ、加藤先生が自ら寝かせて、枕元に花をおいておられた様でした。寮の後輩にあたる私達剣道部員は、憧れの大スターに、今しかないと思い、話を頂こうと意を決したのでした。

「先生、ウイスキーがありますので一杯だけお付き合いいただけないでしょうか」とお誘いすると、快く部屋に入ってくださった。一杯ずつ乾杯した後、千葉の川名君が質問しました。「先生、悩みはどう解決したらいいですか？」と。加藤先生はすぐにこうお答えになりました。「悩みは万里の長城だ。私は蟻のように小さくとも百年かかっても崩して見せる」と。続けて、「その思いを温め続けることだ。親鳥が卵をあったためるように。一度でも怠ると雛はかえらない。優勝しようと思ったことは、他人に言わないで続けることだ。他人に言った時点で冷めてしまうものだ」と。

全員涙ぐみながらこぶしを握ったあの時の感動は忘れません。

背番号19の意味

体操の加藤澤男先生の（思いを温める）話をしました。剣道の修行ではその思いを継続させる方法に、手拭の師の書であったりします。じっと見て心を決めて手拭を頭に締めます。道場の掛け軸だったりもします。私の場合、恩師中野八十二先生の袴です。縁あって、日本体育大学名誉教授の志澤先生より頂いたものです。稽古着は新潟の加藤治先生に譲りました。私は、裾を六センチ切って染め直しました。道場を胸を張って歩けますし、もうひと頑張りできます。応援していただいている気がします。

さて、米大リーグレッドソックスの二〇一三年抑え投手として世界一に貢献した上原浩治さんは、プロ野球巨人軍時代から背番号19でした。体育教師になりたかった上原さんは、大学を推薦入試、一般入試とも連敗し、予備校で中学校レベルの勉強からやり直したそうです。先に進学した同級生がスポーツで活躍するニュースを見た時、不安を感じたそうです。また、「なんでこんなことしないとあかんねん」と思う焦りもあったそうです。この浪人した一年が一番忍耐力がついたと言っています。だから、その時の「浪人した19歳を忘れないように」と、ずっと背番号は19なのだそうです。結果が出ない時、ふと背番号19番を見ると「野球ができなかったあの時に比べれば打たれても野球ができているると自分の原点に戻れるんです」と言っています（二〇一七年一月十二日朝日新聞より）。

中心を攻める

最近は、攻めもなく、気をずらして、横から打つ技術が、試合技術として多くみられます。しかし、稽古においては中心を攻められ打たれたか、ど真ん中を打たれるか、起こりを打たれた時に「参った」と思います。心が変化した瞬間を打たれて、「参った」なのです。攻められて「危ない」と思った瞬間とか、試合で一本取ったあと「守ろう」と思った瞬間とか、「よし取り返そう」と出た瞬間とか、平常心が崩れた瞬間が、心と心の隙間で心を打たれ「参った」と思うのです。構えも、心も崩れていないところを打たれても、たとえ試合で不幸にも負けたとしても、納得した敗けではないのです。では、相手の不動の心を如何に変化させることができるのか、それは中心線を攻めること以外にはないのです。

ですから、先生方の剣道は中心を攻めて真ん中を打つことを求めておられるのです。

他人との会話でも、揚げ足を取ったり、言葉尻をつついてきたりしても打たれた気はしないものです。意中の人に思いを伝える時に、肩を人差し指でチョンチョンと突いてから話すのと、真正面に立って両手で相手の肩を持ち話しかけるのでは、訴える圧が違いますよね。相手の中心を真心で攻めることです。

やる気

本田技研工業の二代目社長は河島善好氏です。河島氏は、本田宗一郎氏の成功の秘訣はと聞かれると、次のように答えると書いています。「先ず第一にやる気と情熱。次に事業に対する絶対の信念。三番目に魅力をひきつけてやまぬ人間性となろうか」（池田政次郎編著『本田宗一郎の人生』）と。四代目の社長となる河本氏が新入社員として研修を受けていたとき、本田社長が研修生の前にあらわれて「君ら、大学を出たからといって、そんなもん即刻忘れてしまえ。うちの会社は机上の秀才はいらねえんだ。学歴なんぞ一切通用しないから、いまから腹をくくっておくんだ」と捲くし立てたそうです。

別の対談で、ソニーの創業社である井深氏と本田氏の対談の中でも「今、ウチの社員はどこの大学を出たか、人事課に行ってもわからないよ。入るまでは調べますよ。入ったらどこ卒というのは認めないんですよ」と言っています（『雑誌ＰＨＰ』より。

教師という仕事も同じです。〇〇大学に入ったから良い教師になるとは限りません。学生時代に如何に学び、悩み、人生経験をしたかであり、そして実践でしかないのです。私は、筑波大学の現職大学院の一期生です。夜間の他アンダーの授業も聞きましたが、その内容は、ほとんど職場ですでに学んでいることでした。やる気のある現場体験は、〇〇大学で学ぶことと同じ証明です。「生きる情熱・前向きさ」があれば、八割がた結果は同じだと思うのです。

第一歩

「千里の行も、足下に始まる」（老子）――大志を為すにしても、些細な物事処理するにしてもまず行動に移さなければ何も始まりません。その一歩を踏み出すことができたなら、「駿馬は一日にして千里なるも、駑馬も十駕すれば、すなわちまた之に及ぶ」（筍子）というように、才能や環境などとは質を異にするポテンシャリティ（潜在性）が次第に姿を露にしてきます。それは同時に、自らの研鑽次第で必ずその思いを達成できるという自由と創造性に満ちたチャンスの到来を意味していることになります。

これまでの常識や価値観など、私たちの時代の二十世紀の枠組みでは対応できない「新たな時代」「新たな歴史のステージ」が始まっています。君達はその第一歩を踏み出す先人に他ならないのです。険しい道程に蔵された多くのチャンスを拓くのは君達しかできないのです。

この本の挿入絵を私は趣味としています。その絵については後で述べるとして、この絵を書き始める一筆を入れるまでに時間がかかります。和紙と向かい合い、一番墨を入れるまで一週間を要したことがあります。失敗の怖さ、先が読めない自信の無さ、どうしても書きたいという意欲、色々なことが第一歩を出させてくれません。その葛藤を乗り越えれば、あとは無心で突き進める経験があります。

冬場の稽古で、冷たい稽古着袖を通す前とよく似ています。まず、その一歩が大事です。

九十をもって半ばとす

ここで中国の古典をもう一つ。『戦国策』に「百里を行くものは九十を半ばとす」という教えがあります。これは百里を行くものは、九十里を行って初めて半分まで到達したと考えるべきだということです。それは最後の十里は、これまでの九十里に比べて、体力的にも、精神的にも極めて難しく、非常に困難な道であるからです。つまり、九十を過ぎてからが厳しいのです。だからこそ今、皆に言いたいことは「安心するな」「さあ折り返しだ、少しペースを上げて、そして一歩一歩確実に」こんな心境で臨んでほしいのです。

普段の生活の中でも失敗がありました。階段を下りてきて、最後の一段で、もうおり切ったと思い違いして階段を踏み外し転倒したことがあります。だから、とびの職人さんは、はしごをかけ屋根の上の仕事を終え、はしごで降りるとき最後を一番集中してはしごを下りるのだそうです。

私自身、絵を描いていて、やっといい絵が完成しました。安心して気を抜いてしまいました。最後に落款印をきちんと確認せず押してしまいました。上下逆さまの落款印を見て、今までの何日間は何だったのだろうと愕然としたことがあります。

剣道の試合で、九分九厘勝っている試合の残り十秒で逆転された試合を何度か見てきました。さあ最後だというところで気を引き締めることは重要なのです。

熱意と誠意の報道番組

我が、剣友で先輩の岩瀬勇さんが亡くなりました。岩瀬さんが突然病に冒され五年目でした。難病「ＡＬＳ」です。進行性の病気で、現在治療法はないらしいのです。意識や五感は正常なまま全身の筋肉が衰えていく病気です。一年間で十万人に一人の確率で発症して原因もわかっていません(https://asahi.com/aera/20)。流動食を喉から入れるため声帯をとることになり、最後の声だよと電話で話したことを思い出します。ＩＰＳ細胞が発見される一年くらい前の話です。

しばらくして、ＩＰＳ細胞を使った新薬ができたらしいのですが、ＡＬＳ患者への投与は発症後一年未満の患者だけで、それ以外は認められないとの情報が友人を介して私の耳にも届きました。何もできない私たち剣道仲間はマスコミとか取り上げてもらい何とかできないだろうかという結論に至りました。（もちろん岩瀬さんにも断って）。

そこで、友人の熊本放送の松田裕一郎氏にその旨を話したところ、三週間ほどして、ＴＢＳの『報道特集』の医療専門記者の小嶋修一氏から電話をいただきました。結論は、新薬というのはまだできていないとのことでした。むしろ、わたしが、仕事のプロとしての熱意を感じたのは「その病気の専門の先生をたくさん知っていますので、紹介してもいいです。もし、お望みであればお会いし、関わることでいろいろ情報を差し上げていいです」との内容のことばでした。岩瀬氏の電話番号を教えて電話を切りましたが、私は、報道を利用することだけでその先まで考えていなかったのですが、小嶋さんは、岩瀬氏の気持ちまで含めて先の先まで考えてお話しいただきました。

こうした熱意と誠意そして正義感をもって「報道」はされているのだと感動しました。

このこととは別にこうした病気があること、そして、こうした方が世界にたくさんいることを知ってほしいと思います。

きっと何十年後は、次世代の頭脳によって解決されている病かもしれません。そこに至る過程においては前述の記者さんのような熱意と真摯さが未来を開いていくのだろうと信じています。

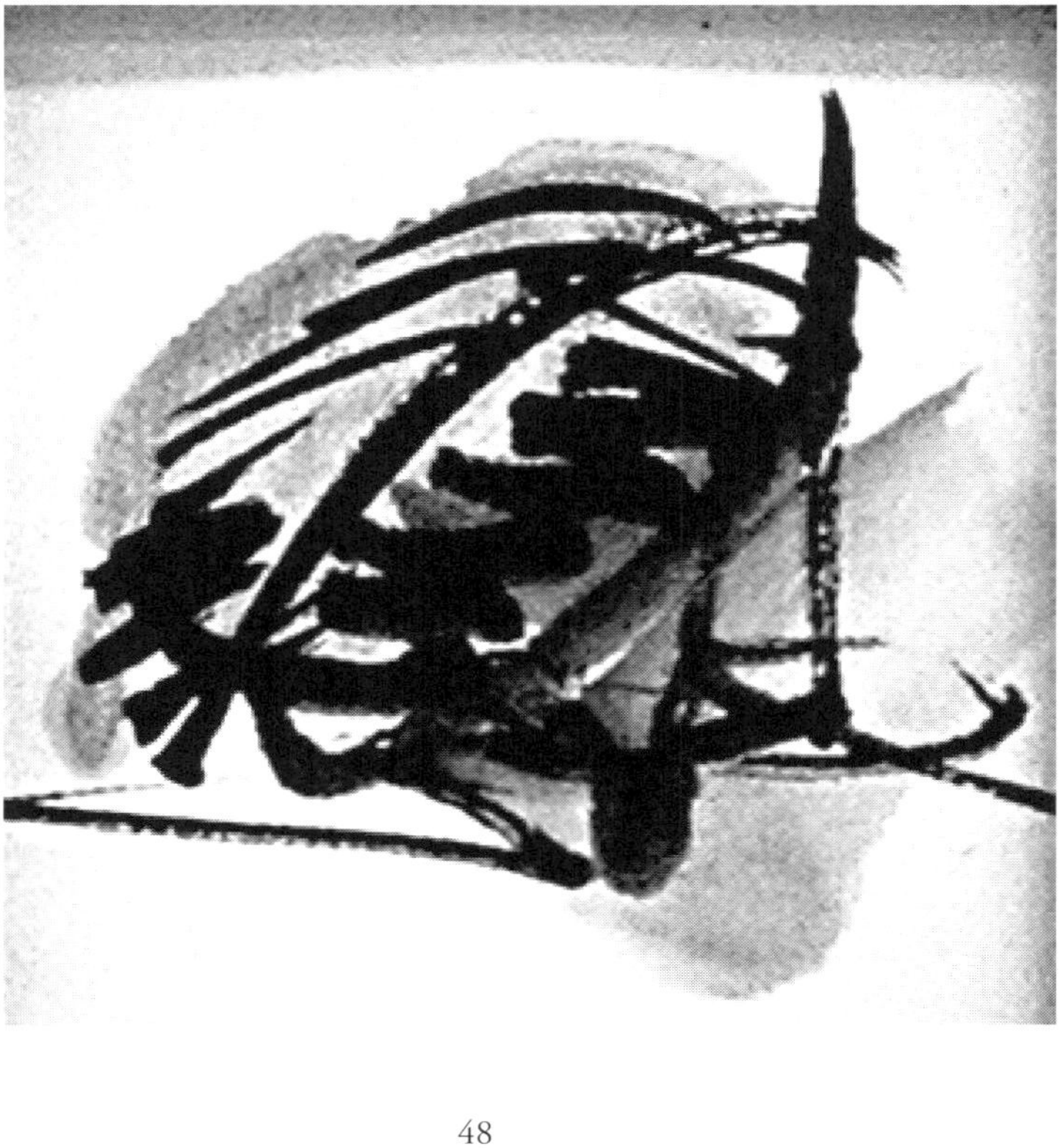

真面目

剣道の面があります。正面は顔であり、能の世界ではオモテと言ったりします。また横面をツラと言ったりします。真正面と書いてマトモと読んだりします。

さて、この面と言う字を使った感じに面目（メンボク）と言う字があります。これは人に会わせる顔と言う意味です。この面目が真剣で情熱があることを真面目（マジメ）と言います。

しかし、意外と真面目とは、いつもきちんとしていて、隙がなく、堅物のようなイメージではないでしょうか。ふつう「あの人はまじめだなー」というと、几帳面な人のように思いがちですが、ちょっと違うようです。几帳とはすだれのようなもので、きちんと横一線に同じものが並んでいることから、きちんと狂いのない様子を表現したものです。

剣道では、質から言って、合気で競い合い、打ち勝つのを良しとします。気を合わせず、はぐらかして、だまして打つ剣道が多くなってきていますが、だから、打たれたとき悔しさでいっぱいになるものです。剣道には、「打って反省、打たれて感謝」という言葉がありますが、真面目に正面と正面の気攻めから真ん中を打たれたとき、感動すらし、感謝するほど快感を感じるものです。

人と人のお付き合いも、同じかもしれません。情熱をもって、ウソをつかず、長所と長所で真面目にぶつかり合うことが、互いを幸せにします。

勝ち抜いた大木

自然に育った木は、木から種が落ちますが、すぐに芽を出さないのです。ヒノキ林などは地面まで日が届かないので、何百年もの間、種は芽を出さず我慢しています。それが時期が来て、林が切り開かれるか、木が倒れて隙間ができた時に一斉に芽を出すのだそうです。少しでも大きくならないと、隣の木の日陰になってしまい成長は止まってしまうのです。大きくなれば、少し離れた大きな木と競争します。更に、雨や雪や風が競争相手となります。こうして種は、何百年か我慢強く戦い続けるのです。そして、勝ち残るのです。法隆寺や薬師寺の木は、千三百年以上競争に勝ち抜いた強い木なのです。私達も、木の心に負けてはいけません。木の北側のように苦しいと感じつつも、しっかり耐え抜くことが仲間を支える柱となるのです。また、目標を持ち疑問なく淡々と努力している場面はまるで南側の木のようです。のびのびとしている姿は、人をひきつけ憧れともなるでしょう。

東京オリンピックではなく、ネンリンピック剣道大会と言うのがあるのをご存知でしょうか。六十歳以上の年輪を持つ先生ばかりの全国大会です。身体的条件や環境的条件に打ち勝って続けてこられたいわば剣道人の大木です。そこでは、若い剣士にない玄妙の技がみられ、重く、深く、味のある独特の人を引き付ける剣道を見ることができます。木も人も、どちらにしても、その努力の積み重ねが大木となり、次のステージでの魅力と持ち味となるのです。

《正しいことの根拠》

「仁」「義」について、特に、義とは「羊」と「我」の字の組み合わせの字で、自分の前で羊を殺して捧げ物をする神聖な意が昔からあるようです。人が生きていく上での絶対に正しいことで、ベターではなくベストのことで一つしかないのです。簡単にいうと、正義のことです。ある国ではお金が全ての国もあります。宗教的なモラルが義とするところもあります。それが世界共通ではありません。借りたものを返すことは義です。学校では勉強するのが義です。沢山あります。大きくは、生きること自体が義です。

武の七徳剣の五徳

武の七徳は武蔵の言う大の兵法です。武将の戒めです。しかし、現代の我々にとっては剣の五徳がはるかに直接的であり、教訓も切実です。

剣の五徳は、一正義・二廉恥・三武勇・四礼節・五謙譲です。心を正し、身を正し、行いを正す。これが剣道の基本であり、人生の基調でもあります。剣道において基本を正修し、人生において正義を実践すること、その一連の修行体系の中に剣道の本当の貴さを見出すことができるのです。廉恥は恥を知るということです。昔の人は、万一約束を違えたら、「人前において笑われても苦しからず候」と一筆入れるくらい、人前で笑われること、恥をかくことは人間の最大の恥辱と心得ていました。昔の武士は「身を捨てても名は捨てぬ」というくらい、自分が笑われることは、親兄弟や主君まで辱めることであり、「君辱めらるれば臣直ちに死す」との覚悟もできていました。武士の恥ずべきことが三つあったそうです。一つは聞き怖じです。何かを聞いただけで怖じ気をさし、逃げ腰になる卑怯ものです。二つ目が身崩れです。これは、見るからに貧弱、貧相で堂々たる威風がないことです。内に信念と誇りがなく、他人の言いなりに振り回されたり、他人に迎合したりする態度の卑しいさまです。三つ目は内笑いです。態度や言葉に表さないが心の中で笑われていることです。第三者の正しい評価であるので私たち自身が注意したいところです。剣の五徳の三番目は勇武（勇気）です。相手の三尺の刀の下に入らねば勝利はないのですから、勇気は当然のことです。そして、実生活いかに展開実践するかということですが、「義を見てせざるは勇なきなり」といわれるように、正義をおこなうにも廉恥の精神を貫くにも、その根源の力をなすものは勇気なのです。大隈重信は「イエスとノーをはっきり言える人が真の勇気ある人である」と言っています。イギリスの諺にも「真の勇者は、悪魔に向かって、汝は悪魔なりといいうる人である」と教えています。

四の礼節とは礼儀と節度であり、きちんとした礼儀の決まりをいうものです。禮（礼）という字は、豊かさを示すと書いてあります。心の豊かさ、すなわち相手を尊敬する心を形にしたものが礼なのです。したがって、豊かな尊敬の念がこもっていなかったら、いくら頭を下げても礼にはならないのです。謙譲とはへりくだり譲るということで、他人を優先して自らを控えめにすることです。謙譲をあえて剣の五徳の一つに挙げてあるのは、もともと剣道をする人は自己顕示欲が強く、人を踏みつけても押しあがろうとする意欲が強すぎるからかもしれません。『正眼の文化』（井上正孝著・講談社）参考。

異常と正常

現在の世の中は、私たちの父や母が若かった時代と違い、できなかったことがなんでも可能な時代になったと言われています。この事で確かに自由な発想で創造力が豊かになり、力を伸ばしたことも認めます。しかし、その分、社会には物が氾濫し、「互いに生きる」という人間の根本も揺るがす事件が低年齢化し、何がよくて、何が悪いのかわからない時代になったとも言えます。現実的に、高校生の生活をみても、バスの列への割り込み、バスへの無賃乗車、ガムを口に含んで廊下を歩く生徒、授業をエスケープする生徒、教室のすみでべったり寄り添う男女、昼休みに学校を抜け出しコンビニに走る生徒、先生とポケットに手をいれたまま友達言葉でしゃべる生徒、学校には遅刻、登校前にコンビニでお菓子を買い込む生徒、ほんの一部

ではありますが現実にあるのです。こうしたことが、収まりがつかなくなっていることを私は心配しているのです。学ぶ場にあっては、こうしたことは異常だと思うのです。

さて、異常か正常はまず相対的に決定されるのですが、その根本は、他人に迷惑をかけるか否かが基準にならねばならないと、シュナイダーという心理学者が述べています。皆もやっているからいいのだという判断は、他人に迷惑をかけないということが前提であり、最優先しなければならないことです。言い換えると、流行で、皆がやっている行為でも他人に迷惑をかける事は異常なことなのです。ちょっと昔、遊びの金がほしくて、『おやじ狩り』と称して、帰宅途中のお父さんを鉄パイプでなぐり、金品を奪う事件がすぐ近くでもありました。本当に異常なことです。この事件を起こした高校生達と同じように、「自分さえよければいい」「楽しければそれでいい」などと生活している人が自分の周りにいないとは言い切れない怖さがあります。相手の立場になって行動できてほしいと願うばかりです。

COMMON SENSE

浅井武氏（元新日鉄住金グループ会社役員）に、企業はどんな人をのぞんでいるのかと質問してみたら、「特別のことができるということより、ふつうの常識人であればよいと思っている。常識とはCommon Senseつまり共通の認識をもっていると言うことだ。つまり、一世代の共通感を超えて縦の社会の中で共通の認識をもってほしい」と答えが返ってきました。

若い人たちは、これからいろんな世代の人と出会っていきます。だからこそ、世代を超えて一人間として理解しあう姿勢が大事と考えます。心理学者アドラーは、人生は、「仕事」「交友」「愛」の三つが順調であれば、うまくいくと言っていますが、異世代の人とは、この三つの価値基準に当然、差があります。しかし、そんな中で、仕事のあり方、交友のあり方、愛情のあり方を自分だけの視点でなく、古き者と新しき者の縦軸、自分を取り囲む環境相互の横軸で計りながら、共通認識設定をしていくことが問われているのだろうと思うのです。

法律・ルール・マナー・モラル

車を運転するには免許が必要です。これは法律で決まっています。運転するとき制限速度を守らなければなりません。これは、罰則を伴う交通ルールです。夜間住宅地内をうるさくクラクションを鳴らし走り回ってはいけません。これは程度の低いマナーです。そして、窓からゴミは捨てないのがモラルです。そこで、法律やルールとマナー、モラルについて考えてみましょう。これらについて、茨城キリスト教大学の安藤博先生は次のように分類しています。

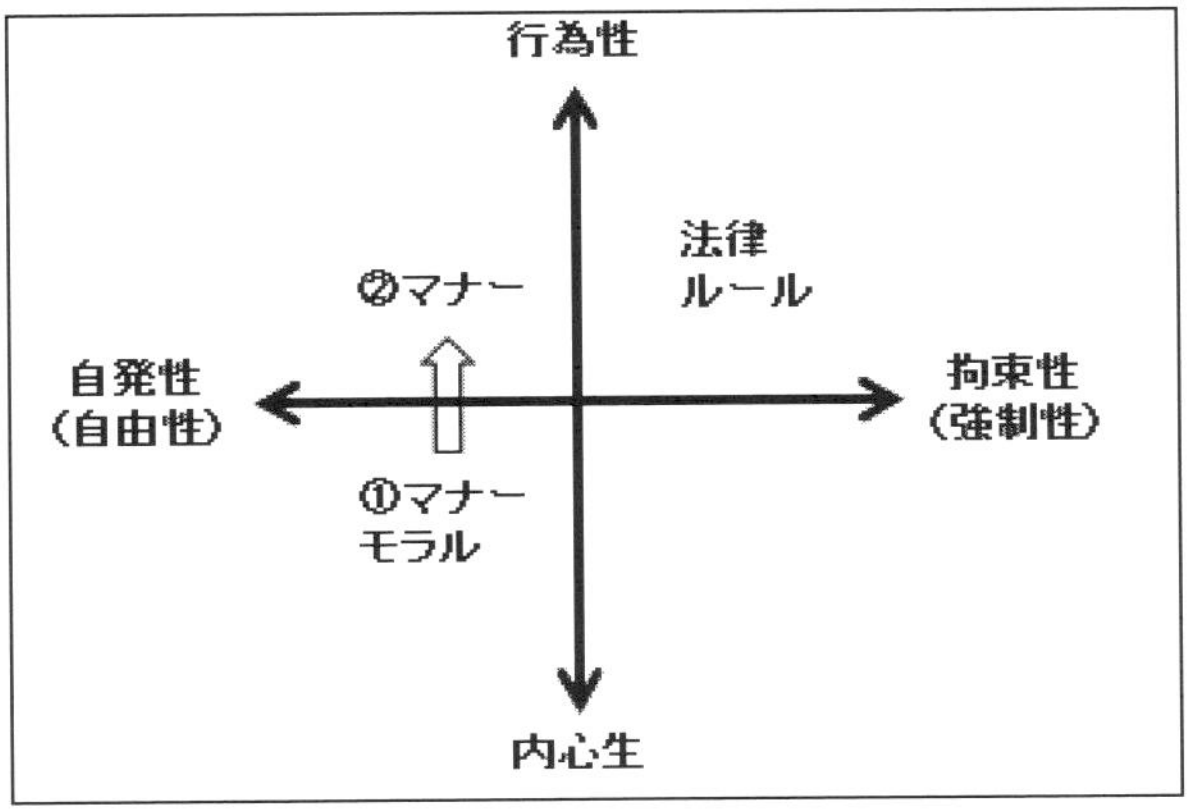

法律は基準を示し、明文化され強制力を持ち、公平に行為を求め、従わなければならないものです。ルールは法律より狭いものですが、生活に密着した物事の秩序であり、人の行為の標準となるもので、生活に密着し集団として必要な要素です。場合によってはどちらも厳守しなければ、罰則や不利益を伴うものです。そして、マナーは行儀や作法の意味がありますが、社会生活に行為として求められ、公共性を持ち自己決定にゆだねられます。そし

て、大切なのは、マナーを支える誇りです。規範意識の高さは自己肯定感や他者との関わりわりにあります。

例えば、前のサッカーワールドカップで日本の初勝利に酔った若者が各地で騒ぎました。しかし夜明けにはゴミをすっかり拾った若者達もいたことは有名な話です。マナーがあるからゴミ拾いしたのでなく、サポーターとしての誇りがゴミを拾わせたのです。モラルには個人性が強く求められ、良心と強く関わり、しないと心が痛むものです。だから、人が困っているのを助けるようとする精神的援助心がモラルであるわけです。正義感の強い人は「しなくてはならない」とし、しないと良心の呵責となります。そして、図のように規定しています。あいさつすることは法律ではありません。だから、しなくとも罰則はありません。あいさつは、個々としては社会生活を円滑にするマナーです。当然のことですが、ルールは「守るもの」であり、マナーは高めるものです。『子どもの危機にどう向き合うか』（安藤博著・信山社５２６７）

剣道の大会で人前で裸で着替えたりするモラルの低さ、通路に大きくシートを引き、卓袱台まで出す応援者たちのマナーの低さを感じます。現代社会は、マナーを要請する事項が氾濫し、ペット飼育の問題・携帯使用関する事、自転車の乗り方などが問題とされています。ルール化すべき内容も多く複雑化しているのです。人と人の関わりが薄く、怒られなければやっていいという判断基準での行為、自己のプライドの低さ、生活様式の多様化など原因は様々です。仕事場でも、後ろの席からメールで用件を送ってくる始末です。もう一度人との関わり方から見直そうではありませんか。

二刀との稽古で

阿部昭彦先生と若かりし頃の稽古の思い出です。阿部昭彦先生は茨城県の先生で、八段を取得され時々二刀をとられます。その時も二刀でした。鍔ぜり合いになり、×印のようにして私の竹刀を大太刀で押さえられ、別れようとするところを、小太刀で面・小手とポコン、ポコント打たれてしまいどうしようもありません。同じ条件で戦うのがスポーツのルールです。しかし、この二刀と一刀は不公平です。どう考えても異種競技です。私は咄嗟に左手刀で阿部先生の面をポカリ、「面だ」とやってしまいました。阿部先生の動きが一瞬止まり、目を見あって「参りました」。蹲踞し礼が終わってから、近づき「失礼しました」とあいさつすると、「いやあ参ったな」と互いに吹き出し笑いしてしまいました。友人の阿部先生でなかったら、喧嘩になったかもしれない無礼なことかもしれません。

「生物学的には、いろいろな生物が社会を持っており、ルールを持っています。それは、生き延びる為の者であり、社会に利益をこうむる為に出来ているものです」と生物学者、福岡伸一氏（青山学院大学教授）は、テレビ朝日のニュースステーションで述べていますが、生き延びる為に、公平なルールが必要なのです。

昔、合戦の後は、死者の検証が行われたそうです。致命傷となったのは、刀傷ではなく、弓矢と石による致命傷が最も多かったそうです。殺し合いにはルールはなかったのだと推察するところです。

仁

竹刀の竹には四つの節があることを知っていますか。これは、四つの節によって竹が五つのパーツに分かれ、それぞれに『仁義礼智信』という五倫五常の精神が意味されるのだそうです。

また、袴の折り目も五つあります。前の折り目には、それぞれに『仁義礼智信』の名がつけられています。ちなみに後ろの二つの折り目は『忠孝』の意味があります。その中でも「仁」に欠けるものは師でも許すなと言われたように「仁」を最も大切に考えたようです。

この「仁」は「人」と「二」の組み合わせです。つまり人が二人以上集まったときの約束事を意味するのです。その約束事が思いやりです。

試合に負けてしまった人がきちんと礼ができなかった人がいました。これは、人と人の約束事である『礼』が欠けた『仁』のない姿です。試合の相手は自分の動きに対してどう動くかは無限です。つまり、未知の世界を体験させていただいたわけです。そんな中で自分にはこんなことができるんだということを感じることができるのです。自分の相手は敵であっても、自分の技術向上の協力者なのです。

話は、飛びますが最近の成人式で、色とりどりの袴を着て式を邪魔してただ目立とうとする新成人のニュースを見るたびに思うのです。お前らに袴をつける資格はないと。

合手礼と双手礼

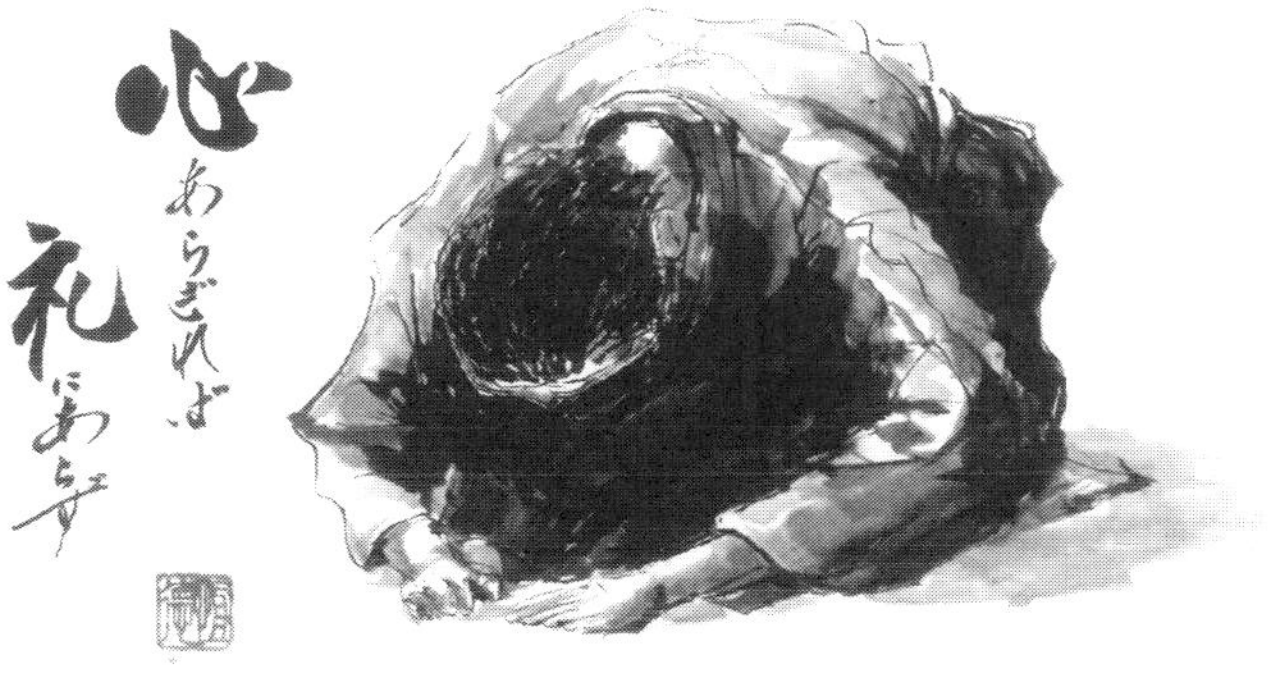

自然体の姿勢から、左、右足の順に膝を曲げて座ります。両膝の間隔はこぶし一握りから二握りほど開き、両足の親指を揃えるか、または軽く重ね両踵の上に腰を乗せます。下腹部にやや力を入れ、両手は大腿部に置きます。この座り方を正坐といいます。古来から伝わる椅坐・床坐の中の一番神聖な坐り方とされ、二百六十年の伝統があります。坐った姿勢から両手を自然に手のひらを床につけて、手首をひざ頭と並んだ形でお辞儀をします。さらに心のこもった辞儀は手がさらに前に進んで両手が八の字になった形でお辞儀をします。

小笠原流礼法の合手礼は、両手の親指と人指し指で三角形をつくる要領で床に着き、その上に顔を乗せるように状態を傾け、一呼吸後、元に戻します。この方法は、神前や仏前の儀式で用いたものです。対人としての礼の一般的な方法は、双手礼という方法です。手の指を広げないようにし、小指と親指で締めて甲に丸みを持たせます。『武道の礼法』（小笠原清忠著・日本武道館参考）。三節の礼として、道場の神前に、師に、同僚にと使い分けられたはずですが、現在、剣道は、指で三角形を作って鼻を押し込むように礼をしますと教える先生がほとんどです。剣道ではこの方法が一般的になっていますが、そのことを疑問に思い、故小坐原範士（当時茨城県剣道連盟会長）に質問しました。「手のつき方は、三角形でと小学校時代に習ったが、それが正しいとの根拠はない」との答えでした。

神棚が常に道場にあった時代から、格技になり、体育館で剣道を行うようになり、礼を一礼で済ませたりして変化する中、手のつき方もかわったのであろうと推察するところです。

尊敬の念は腰の折り曲げ方の角度によって表現されますが、手のつき方はいろいろあるようです。近所の来客には、手を膝がしらの側に置いたり、娘が嫁に行くとき、父親は指先を自分の後ろ向けて手をつきます。このことについては、雑誌ＭＯＫＵ２０００・３の中で『現代に蘇るべき武士の美学』として小笠原礼法の宗家小笠原敬承斎氏が説明しています。脇を締めて、左手、右手と順に手をついて行なう方法もあります。これは敵に刀を取られないよう、何かあればすぐに攻撃できるよう左手をいつも刀の側において行う方法もあります。とにかく、心を込めて礼をしましょう。

さて、蛇足ですが、互格稽古の「互格」は普通は「互角」と書きます。なぜそうなったかは、定かではありません。先ほどの礼の手のつきかた同様に、分かりやすく統一してもよいのではないでしょうか。

良心

コンビニの入り口前の万引き防止の為の標語が「優良店には優良客」と変わった時の話です。東京のあるコンビニ店で、毎月三十人の万引き客が捕まる店で、この標語に変わってから、何と2人に減ったのだそうです。その店長は、前の標語の「警察官立ち寄り店」とか、「自動カメラ作動中」のほうが効果がありそうなので、首を傾げてしまいます。その傾向を、犯罪心理学の大学の先生は「現在の若者は、その先どうなるかの創造力に乏しく、一回やってみてその感覚を認識するようです。『自動カメラ作動中』には、逆に反発的になり、やってみないとわからないとして、ようしやってみようと思うのです。『優良店優良客』の場合は、ふと自分は優良客かと自分自身の良心に問いただすことになるからであろう」と分析していいます。

さて、そもそもその良心とは、道徳哲学の用語です。自己の存在および行為について、その善悪を感知し裁定する直感覚働きを言います。世界大百科事典内の良心について述べると、孟子は性善説を唱え、荀子は性悪説を唱えましたが、この二つの説は矛盾しません。孟子の考えるところでは、人間の本性には良心と放心という二つの傾向があります。良心は他者と心情的に共感し、善に向かおうとする心理的傾向です。放心は外界の事物に動かされて欲望を追求する心理的傾向です。

自己の行為を拒否する「良心の声」があるそうです。耳を澄まして聞きましょう。

もうひとりの自分・良心へ礼

井上義彦範士先生の海外での礼の指導の話です（『剣道日本』２００５年四月号）。オーストラリアの若い剣士が、在郷軍人の父に「異教徒の神を敬って剣道するのはけしからん」と叱られるそうです。その話を聞いた井上先生は、その若者に、「日本の神様と言うのは、キリスト教と違って、神棚の中にはお経も仏像もキリスト像もバイブルもない。日本の神様はとは自分の良心なのだ。自分の良心にしたがって稽古し、良心に恥じることはしない、と言う意味なんだ」と話しました。それを聞いた親は、剣道をすることを許可したそうです。神に礼をするのではなく、これからやろうとする自分の良心に、ウソが無く真剣にやる誓いの礼であり、それをやり遂げたもう一人の自分への感謝と称賛の為に礼をすること、清い心の約束をもう一人の自分にするために、礼をすることの意味が、現代剣道の礼の意味として一番納得がいった次第です。

もう一人の自分の話ですが、生徒指導協議会での会長の冒頭の挨拶で、「朝起きたら、鏡の中のもう一人の自分に向かって、頑張っているね、立派だよ、と褒めてください」「なぜかと言うと、この仕事は誰も褒めてくれないからです」と付け加えて、笑いを誘いました。

もう一人の自分を設定することで、冷静に第三者として見つめ直すことができ、物事が解決することが多々あります。これは、若い頃に学んだスキルです。

誠意

永六輔氏がラジオで不登校について話していました。『こどもが学校に行かなくなったのは、給食と教師に問題がある。おもしろい先生がいて給食がおいしければ絶対にこどもは学校に行くはずだ』大まかこんなことでした。私は、剣道を教える前は、学校の食堂で皿洗いのアルバイトをしていました。寮生が週一回行う早朝剣道の指導をしていた器械体操の先生が剣道の本をかしてくれということで、小沢丘先生の本をお貸ししたところ、その本の一行目に『剣道は教える人によって変わってくる』と書いてありました。付け焼刃で剣道は教えられないとして、食堂職員から抜擢され、急きょ道場に働き場所を変更されたのです。そんなわけで食堂や給食には愛着があるので、永氏の話しを興味深く聞いていました。

当時の管理栄養士は理想の給食を目指して、皿も五種類ほどありました。普段は、生ものは出せないからといって、家庭学習日の寮生（人数が少ないとき）にお寿司がでたり、入学試験の会議が遅くなったとき、寮で働く先生に鍋物が用意されたり、すくなからず元気がでたものです。おかずが足りないという生徒のためのおしんこのテーブル盛りもありました。生徒数が多くなり理想の給食は途絶えてしまいました。作る側の都合を優先せざるを得なくなったからです。しかし、食べる側の気持ちを考える誠意を失いたくないものです。

理想の食事は誠意という味付けがされているのです。

暗黙の了解

　遠泳という学校行事が無くなりました。学習院の赤褌遠泳も写真でみたことを覚えています。遠泳の内容は、まず泳力別に班編成され、その班別指導が行われます。そして、全体の隊列が編成され、本番の二時間、四キロの遠泳が行われるのです。

　唯一声を出せるのは「エンヤコ～ラ」の掛け声だけ。この時、泳者は、信頼を感じ勇気が出るのだそうです。しかし、泳力不足の為、本隊には参加できず、岸辺で一人練習する生徒がいました。お汁粉は、悔しいけどその人が手伝わねばなりません。そして、最終日にその生徒一人が、全員の花道ゴールを通過していきました。これが四キロ遠泳（別名四キロ皆泳）なのです。

　泳力のある一班と泳力のない最終班が言葉がなくとも一集団として理解しあっている関係が大事なのです。これは、宿舎の中でも、疲れている者を気遣い静かに生活することになるし、逆に、泳力のないものは、甘えず「気力」でお返ししなくてはならないのです。そうした関係が集団なのです。

これらの関係は、臨海に限らず、これからの社会生活に置き換えても同じことが言えると思うのです。「人間の第一の規定は個人にして社会であること、すなわち『間柄』における人であることである」と和辻哲郎は言っています。人は生まれてくる時も、死んでいく時もたったひとりです。ある意味で孤独なのです。ですが一方では、人は、両親や家族、友、あるいは組織、社会、国家など自分以外のなにものかとの繋がりなしには、決して生きていくことのできないことも真実です。中でも個人対個人という関係のあり方は社会生活の基本であり、倫理やモラルを超えたルールと言っても過言ではありません。

にもかかわらず、今の日本社会では、基本的な人間関係があまりにも希薄になってきてはいないでしょうか。最近の社会の乱れを象徴する事件の数々の源には「自分さえよければ回りはどうでもよい」といった、あまりにも利己的な考えが見え隠れしているように感じます。人は違って当たり前ですし、違うから人間なのです。それぞれの泳力と同じです。それが一緒に生きるためには、言葉に出さずとも「理解」と「信頼」が大事なのです。

マンガの世界

全日本剣道選手権が行われる文化の日（十一月三日）は「まんがの日」でもあります。

私が小学生のころ、テレビマンガで宇宙戦士スーパージェッターが腕時計のような電話機に話をする場面がありました。現実ではない世界の漫画でした。しかし、今や現実の物となっています。そのマンガについて調べてみました。法隆寺は世界最古の木造建造物として知られていますが、その天井裏に人の顔の落書きがあるそうです。唐招提寺の梵天（ボンテン）像の台座の裏にも、正倉院に納められた写経の中にも見る人の笑いを誘う落書きの絵があるそうです。周知の『鳥獣劇画』や『信貴山縁起物語』の前にも日本にマンガが存在した証拠です。古代エジプトの記念碑の一つには酒宴の果てに吐いている貴婦人が彫り込まれているそうで、絵と笑いを結びつけた漫画の歴史は遠く広く遡ることができます。そして現代、日本では漫画文化たけなわです。さて、マンガ家のビッグ錠は「漫画は、仮説を真実に変え、ホントのことをとことん調べウソをつく世界」と言っています。毛の先ほどの真実で虚構を築く世界だと言い切っています。しかし、現代はそのウソを夢と求め可能な現実の世界と発展させている社会も現実です。とは言え、大きな真実の世界にしっかり自分を置いておくことは忘れてはなりません。さて、熊本の国語教師の日高亨先生は剣道部の生徒に笑いを入れながら昨日の稽古での大事なところを四コマ漫画で描いて渡したりしています。生徒の心に目と頭でリラックスして昨日を振り返るのですから、ずっと心に残るのは必至です。

情けは人のためならず

《情けは人のためならず》という諺があります。

情けをかけることは人のためにならないという意ではなく、情けをかけることはまわり回って自分の評価につながり、自分のためになるという意味です。

私は寮で中学生のハウスマスター（寮監）として何年か仕事してきました。私のフロアーでは他人に迷惑をかける行為をしたらペナルティ制をとっています。たとえば掃除をさぼったら、日直当番を一日やることになっています。同じ人が二回目の失敗をした場合は、前回分が上乗せされ、一＋二（二回目のＰ二）で三になります。三回目は六となり、四回目は十となります。誰かが十を超えたら全員が奉仕作業と決めています。

あるときＹ君が十を超えてしまいました。それは、彼は手作業、図工が好きなようで新聞紙で箱を作ったり、船を作って十円と値段をつけていました。物を作る行為は生産的で素晴らしいのですが、お金で売る行為は、当然寮ではペナルティです。良い行いでもまずいこともあります。そこで、週ごとに変わる掃除分担箇所の札をノブに掛けられるようなものを作らせました。そして四回目のペナルティを免除し、日曜の朝の奉仕作業、落ち葉集めを取りやめにしたところ、次の日から黙々と掃除をするようになりました。プラスマイナスではありますが大きな前進でした。

違うということ

自分と他人は全部違う事をまず認めることによって「共に生きる」ことが可能になると思うのです。家族構成、通学の距離、個人の目標、体型、能力、年齢、育った環境、健康度、全てが周りの人とは違うのです。まずそれを認めることです。それを勘違いしているから、自分が考えている事は皆も考えている、自分がしたいことは他もしたがっている、と考えたりします。それは間違いです。違いがあって当然です。ごまかして一緒のように見せかける必要もないことです。劣っているのではないのです。違いがあるのです。皆がしているからと言う発想はなくなるのです。そして大事な事は、その違いを理解した上で、一緒に何かを創り完成させようという同質の基盤に立つことです。だからこそ譲り合ったり、我慢したりすることができるのです。電車の中での老人への対応はよく理解できることです。だから、助け合いながら同じ板の上に乗るのです。同室の基盤に最初から皆乗っているものだとして行動することは、初歩的なミスです。文化の違う異国で剣道をすること、障害者に竹刀を持ってもらい素振りを教えようする時も、自分とは違う基盤であることを認識して取り掛かることが大事なのです。だからこそ、その人の立場に立って思いやることができるのです。名選手が名監督に即なれない理由はそこにあるのではないでしょうか。

四・九対五・一の正義

高校の同窓会のメンバーは職業があれこれです。みんな自信をもって働いている人達ばかりで、建築家・弁護士・歯医者・英語の教師・主婦・企業戦士・会社員と職種も様々です。不思議なもので同級生とは、何年も隔てていても許しあえ、本音で話し合えるものです。何回か会っているうち、職業論に発展しました。

私は「十の内九が損失があったとしても、教育的に一が必要正義であれば一を実行するのが教育現場です。企業サラリーマンは九をとらなければならないだろう」と発言をしました。

私が、意味するものはたくさんあります。たとえば学校評価として、東大の進学者数が世の中の評価であり、次年度の入学希望者につながり、学校評価、学校利益に繋がるものです。しかし、正義は本当にやりたいことに希望した第一志望の大学への進学者数だと考えるところです。しかし、新日鉄の浅井武さん（元新日鉄住金グループ会社役員）の答えは違っていました。「そんなことはないよ。九を大切にしながら、みんな正義の一を取って仕事しているよ。そうでないと自信をもって仕事してられないよ」付け加えて、「しかし、一対九より、むしろ四対六の時が難しい。さらには四・九対五・一では何方が正義か見分けるのも難しい。そんなレベルで仕事しているんだよ」と言いました。

さて、薬師寺宮大工棟梁の西岡常一氏が『木に学べ』で紹介したことですが、法隆寺の金堂の修理にあたって、金堂の屋根の上に｛鴟尾｝を乗せるか［鬼瓦］を乗せるかの論争がありました。建築の専門学者と考古学者の大論争であったようです。これも四・九対五・一の例でしょう。また、法隆寺の壁画を上野の博物館に移すという文科省と壁画は法隆寺の本尊みたいなもので、そのまま法隆寺に残せと言う棟梁の戦いです。結果は、壁画を納める収蔵庫が法隆寺に特別に作られました。何対何では表現できないプライドをかけた十対十なのかもしれません。

最後に、西岡氏のまさに四・九対五・一と考えられる仕事ぶりを紹介しましょう。新聞でも紹介された法輪寺の三重塔の復元にあたって、ヒノキの純粋木造すると言う西岡氏と設計者の竹島さんという学者の大バトルです。ヒノキの強さも飛鳥の釘、慶長の釘、元禄の釘、など叩き直してさらに強くなることも知っている施行者としての西岡棟梁と今後勉強すればだれでもわかる江戸建築にして鉄を使おうとする設計者としての竹島さんのバトルです。建築史・考古学の先生も入れて四人の論争でもまとまらなかったそうです。

結果は『鉄は使うてないことを、よう知らんから、今でも使うてあると思っているでしょうな』の言葉でわかる通りです。

どちらが正義なのかは、自分の関わっている側からしか判断できませんが、棟梁がわかりましたと言いながら信念を通して仕事した例です。

色に住して布施する勿れ

生徒と館山の「ひかりの子学園」まで徒歩旅行に出かけたことがあります。その学園は何らかの親の都合で、一人で生きていかなければいけなくなった子供たちが共同で生活している施設です。そこを訪ねることで、今生きている環境が如何に幸せであるか気づいてほしいとの考えでの旅行でした。この学園のロビーに大きな額に入った書がありました。

ひとを憎むときは、憎む心にとらわれず　ひとを憎もう。
ひとの悪口を云うときには　悪口を云う己に執着しないで　悪口を云おう。
ひとに善いことをする時は　「俺がやってやる」とは思わずに　親切にしよう。

色に住して布施する勿れ
応に住するところなくして、その心を生ずべし

と書いてあり、初代園長の近松先生がお書きになったものだそうでした。

大変難しい内容でもあります。が、子供を失い犯人を憎み話す母親のニュースが流れたりしたとき、憐みこそ感じますが憎む心の醜さは感じません。コメンテーターが悪口のようにも聞こえる批判をしていても、いやらしくも感じません。己に執着していないからです。アメリカの大統領選挙で相手の悪口を言うことによって相手のイメージを下げ、自分が上に行くことにとらわれた悪口ほど醜いもの

ではありませんでした。また、コメンテーターもトランプ氏の発言を批判する人が多い中では、悪口を言うことが自分が正当な考え方だという流れで追随していた人もいたように思えるのです。自分の評価を頭において悪口を言っているコメンテーターの悪口は首をかしげるようなものでした。見返りを求めず、自然に親切にすることほど評価されるものです。

こんなことがありました。熊本高校の卒業生の会を紅原会と言います。この東京紅原会の総会の幹事学年が四十才になるとまわってきます。東日本に散らばった会員への案内やイベントを一年かけて準備します。私の係りは、ＪＴの馬場さんの取りまとめで、イベントの一つで熊本の特産品・商品などを無償で寄付していただき総会でお土産にすることでした。お願文を練り発送する仕事を任されました。筆で巻紙で出したのを覚えています。本当に手紙一本で集まるかは期待薄だったので、どんどん集まり出した時に、どんな文だったのか、俄かに注目が集まりました。その文に私の名前はなく馬場さんの代表名だけで締めくくっていたことに馬場さんが感動してくれました。少なくとも「俺が……」と言う心はなかったことが、多くの新たな友を得たことにつながりました。

《剣の技と美の心》

剣道には競技制にみられるルールを持つスポーツの要素と発生的に生と死の関係を常に背にした武的戦いの要素があります。そして、生き方・文化と結びついた美の要素があります。その両方を兼ね備えています。勝てばよいだけでも駄目ですし、形にばかりとらわれて実践がないのもだめですし、理がなく美もない剣道は後世に残す価値のないものです。

うまく仕舞う

剣道の稽古を九十歳になるおばあちゃんが見学にいらっしゃいました。生徒の曾祖母で、曾孫のやっている剣道というものを見たいと道場まで足を運ばれたのだそうです。茶道の先生で、今でも一日二冊の本を読破される女傑です。余談ですが、武士が好んだ女性像は女傑だったそうですが（武士道・新渡戸稲造著）、まさにそのような品のある女性でした。

一時間の剣道の稽古をじっと座って見ておられました。そのお姿は背がピーンと伸びていて、それでいて柔らかく品があって、なんとも美しいものでした。稽古を終え、私は無意識のうちに、おばあちゃんの前に正座していました。「如何でしたか」と尋ねると、ニコニコ笑って頷いておられるだけでした。数日してお手紙を頂き、その中には、『私は、茶道をやっています。剣道を初めて拝見しましたが、熱いものが流れているものがわかりました。さて、『道』のつくものには、共通点が二つございます。その一つは、肩の力をぬくこと、もう一つは上手く仕舞うことなのです。あなたは、今日のお稽古を見事にお仕舞いなすった。有り難う』と書いてありました。後で、お聞きしたことによると、茶道の世界では、一回毎に茶器をフクサにつつんで仕舞うのだそうです。剣道場で、稽古の後拭き掃除をして終えたことを「上手く仕舞った」と表現されたようです。

武道が包括する要素の「美」について教えていただきました。

品位

「品位ある○○」と使います。さて「品位」とはいかなるものでしょうか。品という文字は、物の意である象形文字を三つ並べて構成された字源であり、整理された多くの物の意味です。それが「品分け」「物の値打ち」を表す語となり、さらには人や物に備わっている位や格を意味するようになったようです。品と言う文字の組み合わせに、気品、品位、品格という言葉があります。スポーツ新聞で『品挌のない横綱』と話題になったことがあります。さて、気品の気は、旧字で「氣」と書きます。気は遺るという意味があり、他人に米を送るという意味であったのが、米という大事なものを贈る心、つまり、目に見えない心持を表すようになってきました。すなわち気品とは、特に人の心、精神を強調する語で、芸術作品や人の容貌、身のこなしなど上品な様子を意味する言葉です。品位の位については、先ほど述べた能面の位のように、熟達という表現統一のように無

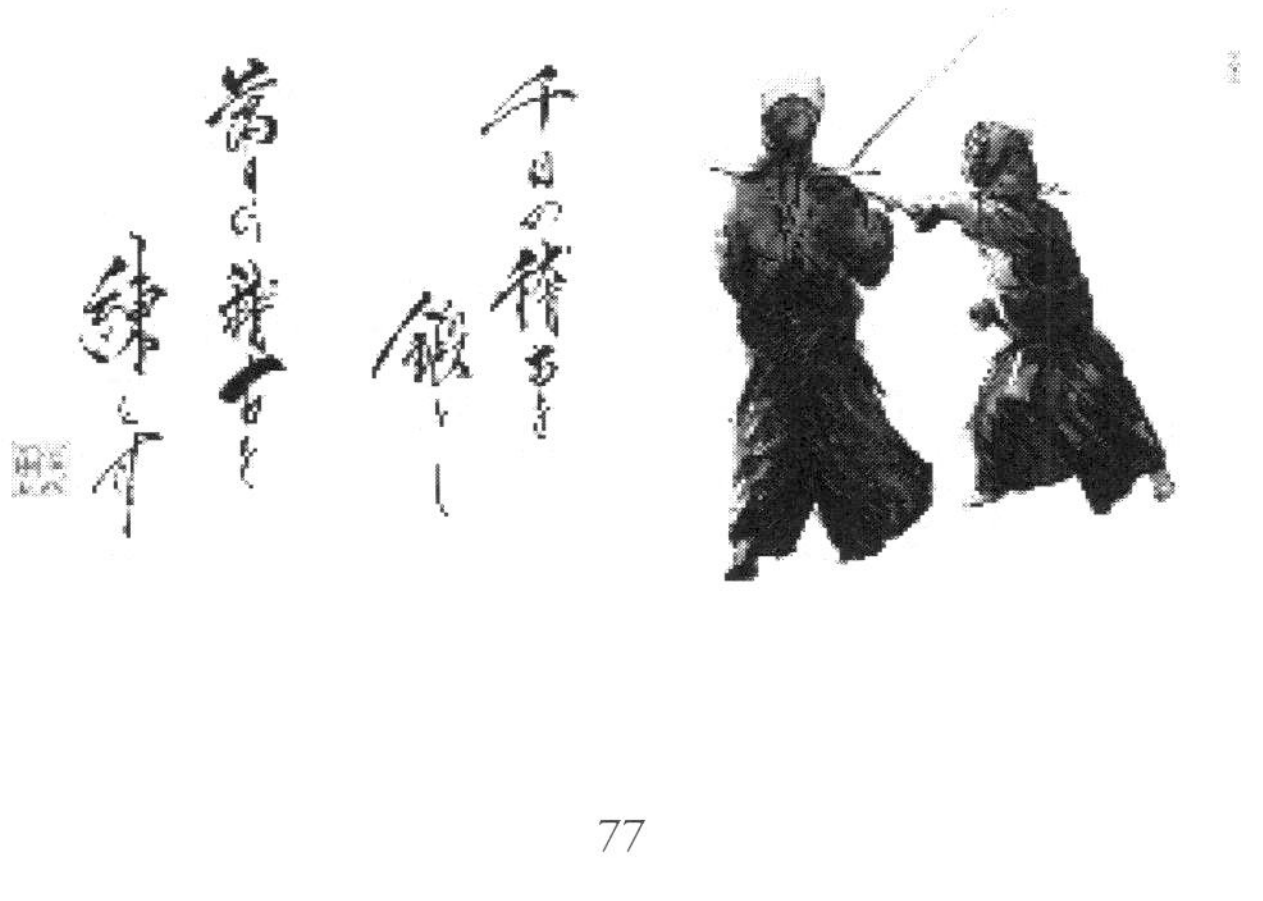

駄なものがなくなり、位が高くなれば高くなるほど、合理化され簡素化されていきます。しかし、単なる省略からくる単純ではなく、含みの多い「少々（スクナスクナ）」であり、それは量の多さからくる迫力ではなく質の優秀さからくる迫力です。品とか格というものは自分で決定できるものではなく、第三者の美的意識が決定するものですが、これらに共通して云えることはあくまで自然に現れ、しかも根底には、人の心があり、かすかでとらえ難い象徴的性格を持つものです。

つまり、美と人間性は切っても切り離せない関係にあるのです。隠すことが美としてきた日本文化の美は、そのものの奥に沈着しているものやその周辺に漂うものに美の根源があるようです。そして、常に永遠につながるもの、真なるものを追求することによって更なる美が生まれ出るものなのです。

かつて、持田盛二先生（昭和天覧試合覇者で剣聖と言われた先生）が九段下を歩く姿を或る名優が車を止めて見学し「あの方はどなたですか」とお尋ねになったそうです。洗練された気品のある姿態に引き付けられたそうです（井上正孝先生著『正眼の文化』より）。「名人、名人を知る」という境地であろうと井上先生は述べられています。

私が二十代のころ、湯野正憲先生から「体育の教師とは、グランドをジャージ姿でかっこよく歩ける人だ」と話されましたが、かっこよさとはその人の修行によって得られたなにか内在する物が中から湧き出てきて、他人にかっこよく映るものだとやっと理解した次第です。

姿美の根拠は線

芸道における立ち姿の美は、後ろの線にあると言われます。また、書においても空間と線のバランスを美の要素の半分を占めると言われます。その線の中に勢いや溜（タメ）といった心の表現美が込められるだと考えられます。車の美をラインに求められたのもよく聞く話です。また、万年筆のクリップの角度は十五度です。これは、人の鼻先と顎を結んだ線と中心線との角度が十五度が美形ということからきているそうです。剣道の立礼の角度も十五度です。彫刻家の藤嶋氏は彫刻のモチーフの形はS字型が美しいとされていると言います。こうしたことからも、姿勢美を考える時、その《線》は切り離せない要素といえます。

筑波大学名誉教授の体操の加藤澤男先生の演技の美は、足首が百八十度の直線を超えて曲がることから世界一の体線美だそうです（石川義彦先生談※加藤先生の体操の先輩にあたる）。同様に、飛び込みの金メダル候補の金戸凜さん十四歳は、仰向けに寝た時、足の指が床に着くそうです。これも、天から与えられた体線美です。

真・行・草

日本古来の芸術や技能などの心構えや、表現形式を説くのに「真」「行」「草」という語が用いられる場合があります。剣道にもその例があり、高野佐三郎範士が大日本帝国剣道形の小太刀三本を「真」「行」「草」の気分・気構えをもって使い分けるべきであると説き示されたそうです。「守」「破」「離」の教えは、「真」「行」「草」のそれに対比して考えることができます。

「真」「行」「草」という言葉は、元来中国から伝わったもので、もっぱら書法に用いられたものです。真書とはすなわち楷書のことで、楷書とは文字の一体である隷書より転化した一種の書体です。行書とは楷書より字画くずれ、楷書より字画の多いです。草書に関しては「草書は章書にもとづきしといえども、今の草書は章書とはややおなじからずして、また、漢代の末よ

りおこなわれたものなり」という文が残っています。

「真」「行」「草」は先に述べたように、そのはじめは書法に用いられたものですが、現在は生け花・茶道の形式並びに精神を説明する方法として用いられています。我々の意味する「真」「行」「草」の概念は、われわれ日本人しかも今日のわれわれの「真」「行」「草」であって、中国本来のものの概念とは違っているかもしれません。

すなわち、「真」は楷書のことであって、一字一画もゆるがせない、格調の正しい堂々たる態度、すなわち根本中道です。「行」は、字画もやわらかに日常生活に即して行いやすくしたものと言えます。「草」は、筆法も自由にしかも心の欲するところ法を超えず、心ひろく、体ゆたかに悠々たる態度、のびのびした体構え心構えと言えるでしょう。具体的に服装について言えば、「真」は、のしめの紋付に裃といった正式の礼装であり、「行」は紋付羽織袴といった普通の礼装、「草」はくつろいだ着流しの普段着と言ったところでしょう。しかし、身に着けたものが何であれ、主体ある人間には変わりがありません。時と場合により、適切な態度をもって対処するのです。人間が「真」「行」「草」を使い分けるのです。小笠原流礼法に礼三体を「真」「行」「草」で表していますように、尊敬の度合いによって変化するものと言っていいでしょう。


【参考文・佐藤卯吉著『永遠なる剣道』講談社より】

所作

相手の目を見て、十五度の礼をします。相手はどう動くか分かりません。言わば無限の動きをします。その無限の中から、二度と同じ動きのない三分間を経験させていただくのです。その経験の積み重ねが、自分を強くさせる、あるいは向上させるのです。何と有り難いことか。この敵は自己の向上のための協力者なのです。『お願いします』『ありがとうございました』と礼をするのは当然のことです。次は蹲踞（ソンキョ）して構えます。蹲踞の「蹲」も「踞」も訓読みで『うずくまる』と読みます。蹲踞は「ツクバイ」と読みます。お茶室の前に低く設置された手水鉢のことで、昔、招いた偉いお侍も、手を清めるために頭を下げなければなりません。同様にお茶室に下の方に背の低い入口を作り、偉い人も関係なくお辞儀をしないと中に入れないようにしました。こういう歴史があり、今も伝えられている大事な日本文化としての所作です。

大リーグのイチロー選手はいいます。『日本文化の所作は、それを淡々とこなしていく中に、気の高まりと集中力ができていくすばらしいものです』と。イチロー選手もバットで右翼席を差し、右袖を触り、左翼席を差し構えにはいるイチロー流所作を実践しています。ラグビーワールドカップで日本が南アフリカに歴史的勝利をしました。その立役者伍郎丸選手のゴールキック前に行う神様を拝むように見える動作も routine と呼ばれる所作なのです。

儀礼としての手刀

日本では、人前を横切る時、または雑踏に分け入っていく際、手のひらを縦にした片手を身体からやや離した位置で数回上下することがあります。これは「手刀を切る」という仕草です。日本特有のものらしく「すいません」とか「前を通ります」などという言葉を添えて通る場合が多いようです。手刀は元々、相手に掌を開いて見せることで、武器を持っていないことを表しつつ、自分が通ろうとする道筋を示すと言う意味を持ったとされます。腰を低めにすることや言葉を添えることも謙虚さの体現と言えます（ja.m.wikipediaorg)。

相撲で懸賞金を受け取る時、手刀を切りますが、三方（左中右）の神様に感謝を表すと言います。心と言う字を書く力士もいるようです。

入り口から一番遠い所・刀を誰からも邪魔されない位置が上座とされますが、最近の道場につくりや使用形態によって、先生の前を横切らざるを得ないことがあります。ぜひ知っておきたい知識ですが、知らなくとも、少し腰を低く、前を横切ることで「失礼します」と一礼すればすべて事足りると思います。板前さんの世界でも、包丁が一番邪魔されない位置（入口の関係で御櫃で区切ってある場合もある）が花板（一番上の板前）さんの場所で、手刀を切らなくともいい場所になっています。

手のひら一つで心を表す日本の美の文化を忘れないようにしましょう。

洗練

剣道で上達の度合を示す言葉に『洗練』（センレン）という言葉があります。大きなものから、無駄なものが取り去られ、凝縮したコンパクトに練り上げられることを言います。剣道の面打ちを学ぶ時、大きく打つ動作から練習する中で無駄なものが取り去られ、より素早いコンパクトな面打ちが完成していきます。早く上達しようと先輩の早い打ち方を真似て、現象として見える小さな打ち方で始めると、目で見える小さな動作には大事な要素が多く含まれず、癖のあるものに仕上がっていきます。基本を大きく反復することはそのような意味があるのです。

ファッションのセンスだけでなく行動仕草も無駄がなく、工夫され、品があり、さわやかな臭いさえ感じさせること（物）もあります。

これが洗練されたものです。

幸せ言葉・「ありがとう」「おはよう」「ごめんなさい」

人と人が一緒に生きていく中で、お互いを幸せにする大事な言葉があります。「ありがとう」「おはよう」「ごめんなさい」という挨拶言葉です。この言葉を世界中のひとが毎日使ったら、世界は平和になることは必至です。

《おはよう》

京都では知人に逢うと、「こんにちは、よいお天気で」という挨拶の次に「どちらへ」「ああ、さよか、では、さよなら」といった会話を交わすのが普通だったようです。しかし、最近、こうした会話を若い人たちは、（形式的でつまらない挨拶だ、それに行き先を尋ねたりして、それは人間の自由への干渉で封建社会の遺風だ）などと言うそうです。ですが、「ついそこまで」とは、「私は、これからアメリカへいこうというのでも、イラクへ行こうというものでもありません。とり立てて申さなければならないほど、晴れがましい所へいくわけでもありません。ご心配なく」という意味なのです。

「どちらへ」というのは、干渉ではありません。ただ「こんにちは」というだけではちょっと具合が悪い、たとえば、同じ町内、同じ村の人とか、時には助け合わなければならない人々の、一段と近い人という意味を表現した挨拶です。つまり、「どちらへ」は、あなたとは個人的関心を持つほどの仲だという意思表示でもあるのです。

「ついそこまで」という答えは、それに対する応答であるとともに、やわらかく、それで会話を打ち切ろうという意味を表現しています。相手がお互い全てを語り合える親友でなくとも、そこに近い相手には、「実は、母が病気で、病院に……」と言う風に会話を続けることもできます。そこまでいかない場合の答えなのです。アメリカのような広大な土地では、「やあ」で済む関係と止め処もなく話し合う関係との二つの区分で済むかもしれません。日本はそうはいきません。居住空間からいえば、フランスの九倍、アメリカの数十倍の高密度の人間が二千年もの長きにわたって生きてきた国です。そこでは、複雑極まる人間関係をさばく人生の知恵が発達してきたのです。この挨拶は、親しい人々の相互応答の決まり言葉の一つなのです。

人間関係は、全ての文化の基盤であるとともに文化そのものの表現です。こまやかで、優雅で、温和であったことを最大の特質とする日本社会では、それを生み出した共通のコミュニケーションの土台がこの日本的挨拶だった分けです。「おはよう」の次に「調子はどう」「まあまあ」「じゃあがんばって」なんて朝のあいさつをしてみようじゃありませんか。

《ごめんなさい》

私が、一つ残念に思うことがあります。それは、自分で悪いことと分かっていて、見つからなければいいとして行動に移してしまう人がいることです。まして、それが見つかったとき素直に謝れないことです。必ず自分の逃げ道をつくった言い訳をすることです。たとえば、小さなことですが、廊下を外履きで歩いているのを見つけ「こらっ」と叱った時のことです。その場で脱いで「すいません」

と謝ればすむことですが、なんと走って逃げるではありませんか。呼びかけても、部室に逃げて出てきません。いや出てこられなかったかも知れません。どうして、自分がやったことが悪いことと分かっているのに、責任がとれない、謝れないのでしょうか。小さなことでできないのでは、大きなことになったらとうてい出てこられないでしょう。失敗の解決方法は逃げることではなく、「すいません」の一言なのです。

《ありがとう》

世界情勢も複雑ですが、「ありがとう」と言い、また言われる人間関係が平和の根本の関係ではないでしょうか。

私達は、そのような渦中にある国々の人に比べて、あまりに恵まれていることに気付きます。先日、それ故に、感謝の気持ちが薄れているのではと言うことが話題になりました。心ある丁寧さが、いつも当然してくれるものと勘違いしているとは思いませんか。その証が「ありがとう」という言葉の無さです。もっと感謝するべきと言うよりも、「ありがとう」の一言で、良い人間関係も保てるし、更に、もっとしてあげたいと思う心をおこさせるのです。

今日何回ありがとうと言ったか、言われたか振り返ると意外と少なくないですか。自然に素直に言えるようになった時、バスや電車のマナーももっと良くなるでしょう。マナーは感謝するこころの度量の現れだと思います。世界テロの多発はこの言葉を言えない環境作っている私たちにも責任があるかもしれません。

墨絵と剣道

美術教師として古山浩一先生が後輩として赴任してきました。学校の廊下を絵でいっぱいにしたいと夢を語りました。そして、先生の提案で生徒・父母・教師で美術展を開催することが決まりました。その為、私も教師だけの油絵教室が開講され、出品することになったのです。以来これがきっかけで、退職するまで続きました。ある年、忙しく油絵では出品に間に合わないので、墨で正座の絵を描いたら「いいじゃない」ということになり墨の絵を書きはじめたのです。現在も展示会には来ていただきご指導いただきます。年齢が進むにつれ、自分自身を評価してくれる人は少なくなるので、この機会を大事にしているわけです。古山先生は日仏美術点で二度大賞を受賞されています（全日本で優勝したくらいの賞）。油絵で一番大事なことは、どこで筆をおくか、絵を画くのをどの時点で完成とするかが大事なことだそうで、最初は『はいそこでやめて』とよく言われました。もう一つ色を入れると、次の段階のはじめになるのだそうです。こうして何段階も越えて自分の満足したところで、限界を超えたところで壁に掛けられるわけです。その段階毎でのベストの状態を教えていただきました。しばらくして、書の大家・窪山墨翠先生が仲間となり、書もご指導いただくことになりました。先生は書初めの自書の手本を全校生徒に手渡すほど情熱的な指導者です。実力は電話帳のような全国書家名簿の一ページ目に名前のある人です。先生は、書は「空間の白地」で書くと言われます。バランスが大事なのであり、その中の勢いであり、重みであり、静かさの調和なのだそうです。こうして私の剣道墨絵に字が入るようになったのです。私の剣道の絵の好みの話ですが、剣道を実際にバリバリやる人は技をリアルに書いたものを好まれます。筑波大学の故中林信二先生が「技の中に精神性が内在している」と述べられたように、剣道をやられる方は「技」そのものが夢であり、技を通して何かを感じられるようです。打ち合いを描いた剣道の絵で、左足が前だろうが、左ひじが曲がっていようが、白と黒の空間のバランス上、それは意味を持たないのですが、剣道の稽古をされる方は技が成立していなかったり、肘が曲がっていてはどうしても感動できないものなのです。私自身はあまりにも説明的では絵としては成り立たないとも感じるのですが、そうした意味で剣道をやる以上、そこに描く技も大切にしています。

高崎慶男先生にまさに立ち上がらんとする剣士のつもりで描いた絵を米寿のお祝いに送りました。高崎先生は稽古が終わって座ろうとするところと思われたようです。その時の心境によって、到達した境地によっても感じ方が違うことを知りました。

どちらにせよ、真摯に稽古に励まれる先生、剣友の中に入れていただき一緒に修行させていただく環境にあったことが、思いを形にしていく私の墨絵が発展してきた一番の理由と思います。

これからもいろいろな角度から剣道を見ていければと願うばかりです。

初

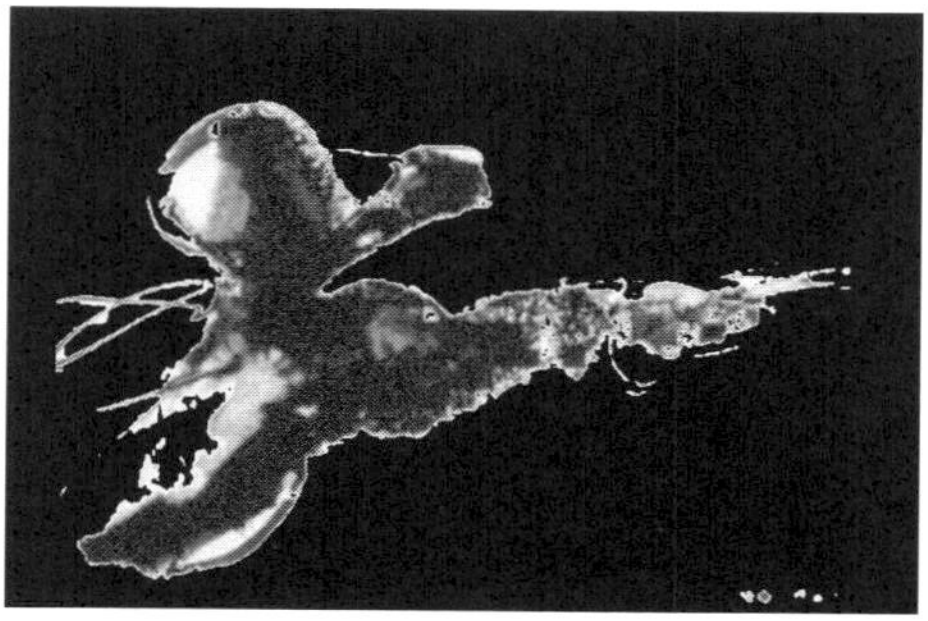

初優勝、初出場、史上初とか「ハツ」が付くと喜ばしい、幸運なことが多いものです。昔は、新しい洋服を着て歩くと「オハツ」といって叩かれます。叩くのではなく、触れることで初物の幸運を分けてもらいあやかりたいのです。「初」「初仕事」「初鰹」と、初物を大切にしたのです。こうした民族性を強めたのも儒教です。

『初日の出』これも一般的に縁起が良いと言われますが、この習慣は実は比較的新しく明治以降だと言われています。明治以前は、「四方拝」と称される宮中で一年最初に行われる儀式にならって東西南北を向いて一年の豊作と無病息災を祈っていましたが、これが庶民の間に現在の形のように広まり、初日の出を拝む習慣になったようです。見晴しの良い山や海などが浮かびますが、特に高い山頂で迎える日の出をご来光と呼びます。神様が下りてくるという伝説もあったそうです。さて、新しい剣道具を買ってもらった時、先生に【ハツタタキ】をしてもらおうと一番の稽古をお願いしたのを思い出します。先生のように強くなりますようにと縁起を担いだものでした。このような剣道文化もずっと残ってほしい一コマです。

守り

剣道に限らず他のスポーツにおいても、攻防の中で「守り」が完全であれば負けることはありません。限られた時間の制約を除けば、その防御だけで相手の自滅によって勝利すら手中に収めることもできるのです。

さて、活人剣としての守りの話です。筑波山の麓に歯科医の飯塚滋さんがいます。彼の家は明治末期に建てられた築百二十年の家です。ご先祖も含め農家が主で代々続いてきた由緒ある家です。この家を外装や伝来の柱などを残しリフォーム決断されたわけですが、今どきの家に建てかえれば簡単なことですが、先祖から続き、筑波山という地区を、昔のままを残したいという強い思いを優先されたそうです。何しろ昔の家ですから、古くはあるものの、広く、梁や柱も相当なものです。その為、一旦ジャッキで持ち上げ、基礎工事から作り直すのです。経費も私たち庶民の家がいくつも建つほど費用がかかったそうです。そこまでやらなくてもと反対もあったそうですが、『守る』という気持ちが優先されたそうです。

将来、何事にも負けない家になることでしょう。それよりもまして、私は、引き継いだものを守る伝承するという心の強さを感じるのです。現代に則して機能的であるかないか別として、新しいものだけに目が行くのではない、こうした心が、日本人の昔からの心だと思います。この心が、将来も世界の中の日本人が特視されていくことになると信じます。

自分を超える

たとえば、絵を描き続けていく中で、新しい発想やスキルを得ることで、今までここは大事なことと思い続けてきたことが、大事で有りながら、さほど意味をもたなくなる時があります。そして、新しい自分を発見した時に、今までの自分を越えたことになるのではないでしょうか。ピカソは、天才的に自分を越えており、さらにそれが自分自身の表現にしているのだそうです。さて、その新しい自分の発見は、どうとらえたらよいのでしょうか。

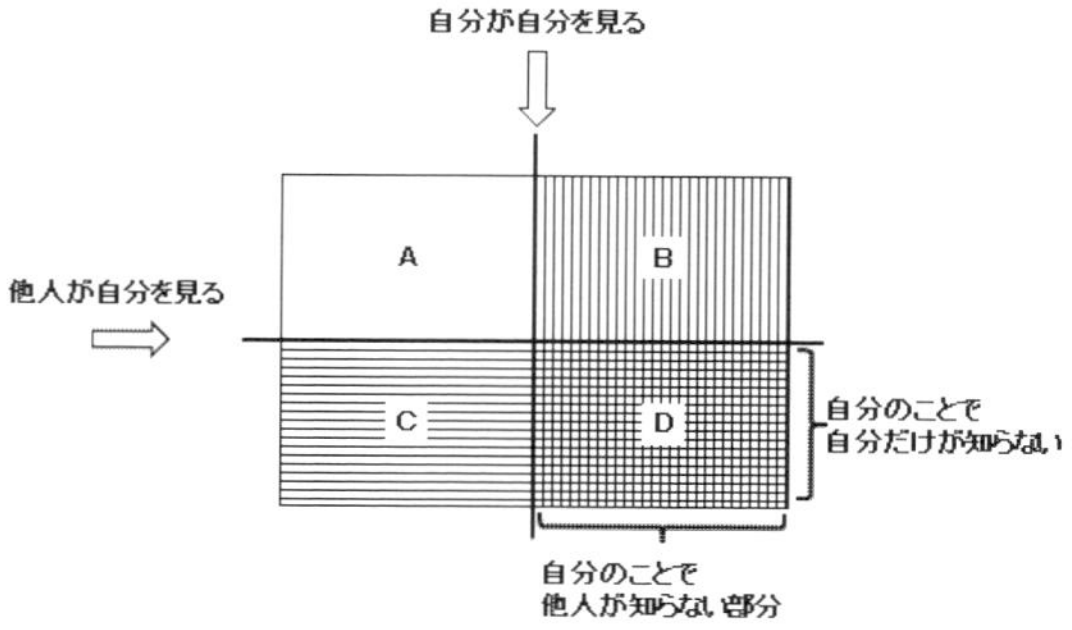

自分が自分を見ると、自分はこういう人間だと自分がわかっているところがAとBです。ブラインドのCDはわからない部分です。自分のことを他人が見て、自分のことを他人が知らない部分はBDです。さて、Dの部分は自分のことを、自分自身も他人も知らないところです。

このDの領域を小さくしていくことが、積極的に生きることであるし、今の自分を超えていくことなのです。だからこそ新しい自分を発見してくれる仲間を大切にし、互いに学びあうのです。そして自分で自分をよく見つめることが、自分を超えることにつながるのです。

正中線を打つ

最近の若い剣道選手の試合や稽古を拝見すると、言い方は悪いですが、如何にごまかして打つかに終始しているように見えます。真っ直ぐ打つべき所を、刃筋など無視して横から打ち、その後を修正し、真っ直ぐに打ったように見せるのです。あるいは相手の面に対して、打たれないようにして、あわよくば自分の面が当たるように最初から、空を打っていくのです。切り落としもどきの技を出す人もいます。仕掛けた打ち方が悪いと応じ技も決まらないものです。結局ガシャガシャとなってしまいます。

技の試し合いによる心の向上とはほど遠いものです。アメリカ世界選手権大会の審判長を務められた故谷口安則先生が、喫煙所でボソっと「チャボの喧嘩たい。俺はもう来ん」と私に言われました。きっと前述のようなことを先生が感じられた言葉ではないかと推測します。「私は、真ん中を一撃で打ちますよ。あなたも打てるものだったら打ってきなさい」と互いにその機会を作り出し合うのが真の勝負であるべきです。技の使い方は人間性の現れです。こうした技を使うために心の葛藤と戦い、そして錬られ、「人間形成」があるものと思います。気をぶつけることなく、ごまかして横から引っ叩いて人間形成の道などあるはずがありません。話はちょっと変わりますが、歌手の水前寺清子さんが作詞家の星野哲郎先生から頂いた言葉「まっすぐに生きれば、真っ直ぐな人に出会える」を大事にされているそうです（ＰＨＰ №８２５）。剣道も同様に、真の正中線の切り合いが人間形成の道の原点ではないでしょうか。

正中線の理合に従って相手を打つ為には、相手を常に自分の真正面、すなわち自分の正中線上に置いておかねばなりません。つまり自分の身体を貫く正中面の延長上に常に相手が来るように自分自身が動かなければならないということです。機会が、正しく「合う間（＝間合）」にさえなっていれば、正中線に沿って剣を振り下ろすだけで相手を打つことができます。

これが、正中線の理合に基づいた攻防で、一般に「正中（線）の争い」などと呼ばれるものです。そして、この「正中の争い」で大切なことは、正中線は剣先で争うのではなく、足を使った体捌きで争うということです。どんな時でも正しく正中線を相手に向けておくために、正しい足捌きと、そのときの足の向き、腰の備えなどが非常に大切になり、さらに正中線に沿って正確に剣を振り下ろすことが出来るよう、素振りや打ち込みの稽古によって、これらを鍛え錬りあげておく必要があります。これが百錬の稽古です。

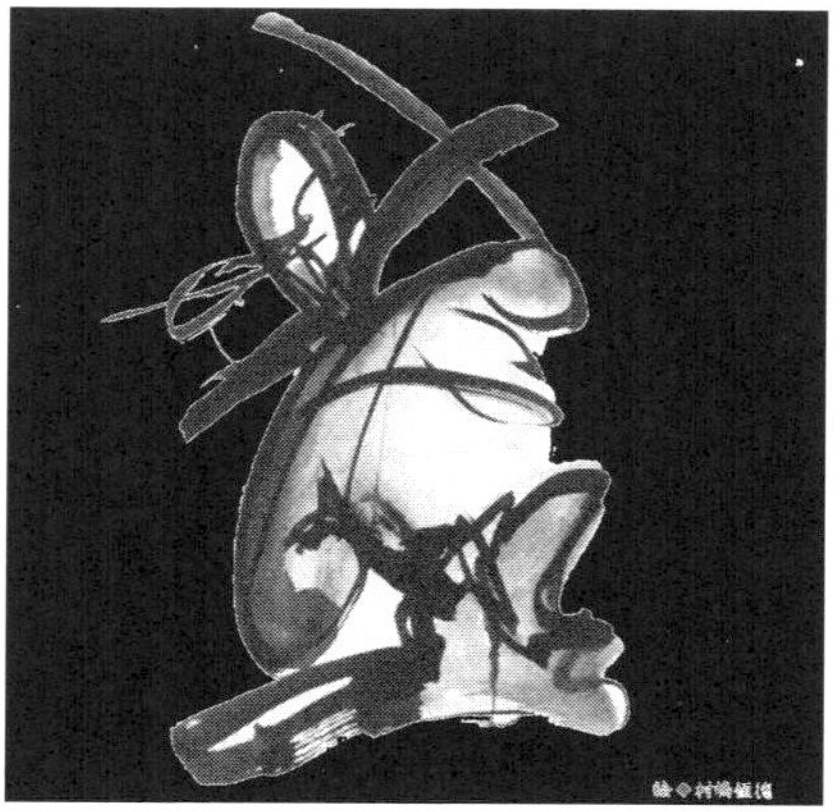

中高生の技で正中線をあえて外し横から叩く技があります。こうした技は正中線の理合に則っていない技、すなわち「理合の無い技」ということになります。そしてこのような理合の無い技をいくら練習したとしても、これは「剣の理法の修練」になりません。ですから結局それは本来の剣道でないということになります。

信じて任す

新潟の故小川英雄先生との稽古は、群馬の水上でした。小川先生は、事故で右腕を無くされて左片手上段です。学生時代からスター選手で憧れの先輩で、一度お茶をごちそうになったことを話し自己紹介させていただき、稽古が始まりました。

私は、失礼ながら初太刀から遠慮なく諸手突きにいきました。が、突き垂からズレて竹刀が先生の右肩の方に突き抜け、剣道着の襟を開けさせてしまいました。咄嗟に「失礼しました」と一歩前に出て襟を直そうすると、首を横に振り、竹刀を脇に挟み自分で襟を整えられました。馬鹿にするなと言わんばかりの威圧感がありました。いざ、稽古再開です。十分気を充実させて、また諸手突きにいくこと二回、同じ結末になりました。しかし、そこで目を見たまま一歩引き、一礼をして竹刀を納めて、襟を直しに一歩前に出ると、すべてを私に任されました。大変うれしかったことを覚えています。

相手が、片腕でなかったら、三回でも突きにいくことは当然であろう。それと同じ気持ちであることを、二回目で確認されたのかもしれない。何かが通じ、襟元を直すことを許してくださったと思っています。襟元を他人から整えてもらわないと稽古ができないと思われては、剣を持つ誇りさえも奪われると思われたのでしょうか。

事故から左上段を構えられるまでに至られたのは、この誇りがあったからのだろうと推察します。

出会いこそ始まり

表紙の絵は、桐の合板に墨で絵をかき、鑢で削りながら完成させたものです。前にお話ししたように、古山浩一先生と出会い、油絵の手ほどきを受け、立体の面について学びました。何年かして、窪山墨翠先生に出会い、墨と板の相性について知りました。古いものは何百年もそのまま残っているそうです。また、彫刻家の藤島明範先生と出会いました。最初のノミで手のひらを五針縫った思い出があります。

取り掛かりは、ふとした思いつきで始めるのですが、段階が進んで行くうちに、難題がのしかかります。その解決方法が三人の先生の教えだったのです。墨が板に滲んでしまい真っ黒になってしまいます。書の世界はそれで終わりです。しかし、そこから彫刻の世界が道を開いてくれたのです。ヤスリでけずりながらまた面に光と影をと元に戻り葛藤することができたのです。

出会いとそのつながりで、新しい出会いがあります。その出会いが前の前の出会いとつながって、つながりは強固になっていきます。私たちの剣の姿も出会う人によって変化します。大切に出会いを重ねあうことで、独自の世界観が出来上がるのでしょう。

《言葉に秘められた極意》

言葉によって、話し手と聞き手との間で、情報の交換や意思の伝達が行われ相互共通理解が図られます。
さらに、そのことばには、最も深遠な意味・願い・秘訣が込められています。
それを知ることが、我々の修行への近道となることは必至です。

守破離

「守破離」という言葉は、日本の茶道、武道、芸道等における師弟関係のあり方を表した言葉の一つです。日本文化の発展、進化を促したベースとなっている思想でもあります。まずは師匠に最初に教えられたことを忠実に実践すること、すなわち型を「守る」ところから修行が始まります。その後、その型を自分と照らし合わせて研究することにより、自分に合った、より良いと思われる型をつくることにより、既存の型を「破る」段階になります。最終的には師匠の型、そして自分自身が造り出した型の上に立脚し、更に自由な型が出来上がるのです。最初の型から「離れた」自由自在の独自の型となるのです。

物事を習得する段階を三つにわけた「守破離」という言葉は、もともとは、江戸時代に川上不白が著した『不白筆記』で、茶道の修行段階の教えとして紹介されました。以後、諸武芸の修行段階の説明にも使われています。助言を喜んで受け入れて修行していくことで、将来、「離」の段階まで到達できるのです。この段階に至れば、独自の自己をいっそう高めていくことができるのです。思い通りにならない時は、また「守」「破」に戻り、自己を振り返り、自己の滞りを修正することができます。こうして、それまで培った土台が、自己を助けてくれます。

自己を発展させる道に終わりはないのです。

稽古

稽古の「稽」は考えるという意味です。つまり稽古は『古（いにしえ）を考える』ということです。「古」は遠い昔の江戸時代の侍のことではなく、今打った一本を考えることです。今打った面は次の瞬間は古い過去なのです。だから、なんとなく撃ち合いをしているのではなく、一本一本を考えることが、あるいは終わってから反省することが、また、ノートに書いて記録して分析することが稽古なのです。しかし、本当に強くなるには、質の高い実践稽古の量であると思います。厳しく、工夫された実利のある稽古が重要なことは、寺山旦中氏が『宮本武蔵のわざと道』（大森曹玄先生監修）で次のように述べています。

「世阿弥が『風姿花伝』の冒頭に『稽古は強かれ。情識はなかれとなり』と言って、能においても我見を捨てた稽古を要求したのも万事に勝つ心からであったのであろう。稽古は好き嫌いではなく、むしろ好き嫌いという我見を捨てることだ」と。また、「宮本武蔵においての兵法の道は、正しく見極めたうえで『役に立たぬことはせぬ』と言って実利合理性に根差した技の鍛練から、万事に通ずる素直な心まで突き詰めたものであった」とも言っています。

さて、少し柔らかい話をしましょう。稽古には寒稽古とか互格稽古とか特別なねらいのもとで行われる稽古に名前を付けて言うことがあります。そこで、酒稽古と言うのを知っていますか。

お酒を飲みながら剣道談義をすることです。この場で取り上げる題材かと思われるかもしれませんが、酒稽古は、稽古の反省や極意を学べる神聖な場所でもあります。

稽古後の酒宴では、先生や先輩の二度と聞けない本音の話しがあるので、絶対に酔っては損をします。歯に糸をくくりつけ、それを胃までたらし糸を引いて吐きまた飲む、そして大先生の話しをもらったという先生の逸話を聞いたことがあります。

酒の席は、上下の無い稽古場でもあります。大学同期の剣勢会のメンバーが集まると、「今日のお前の稽古は攻めが全然なかった」とか「初太刀は、こうせめて打った」とか始まります。研究会と言っても過言ではありません。

私の忘れられない酒稽古は、学生時代です。酒宴の途中のトイレの帰り、酔いを醒まそうと、東京に降った大雪の残雪の中で横になりました。そこを中野八十二範士が通られ「さあ、もう一杯いこう」と手を取って引き上げ起こしてくださいました。その時の感触は今でも蘇ります。大先生の手を握ったこと、それだけで元気が出たものでした。

最近、外国人剣士から「サケゲイコ」という言葉でビールをつがれたことがあります。この稽古も世界に広がっています。

（2025年4月現在）

剣道学、筋トレ学を学ぶ 故に書を読む

体育とスポーツ出版社

図書目録

KEN DO JI DAI
月刊 剣道時代

Monthly Bodybuilding Magazine
ボディビルディング

（株）体育とスポーツ出版社

お申し込み方法

［雑誌定期購読］　ー送料サービスー

（年間購読料）　剣道時代　11,760円(税10%込)

ボディビルディング　13,200円(税10%込)

TEL、FAX、 Eメールにて「○月号より定期購読」とお申込み下さい。後ほど口座振替依頼書を送付し、ご指定の口座から引落しをいたします。（郵便振替による申込みも可）

［バックナンバー注文］

ご希望のバックナンバーの在庫の有無をご確認の上、購入金額に送料を加え、郵便振替か現金書留にてお申込み下さい。なお、最寄りの書店での注文も出来ます。（送料）1冊150円、2冊以上450円

［書籍・DVD等注文］

最寄りの書店、もしくは直接当社（電話・FAX・Eメール）へご注文ください。

当社へご注文の際は書名（商品名）、冊数（本数）、住所、氏名、電話番号をご記入ください。郵便振替用紙・現金書留でお申し込みの場合は購入金額に送料を加えた金額になります。一緒に複数の商品をご購入の場合は1回分の送料で結構です。

（代引方式）

TEL、FAX、 Eメールにてお申込み下さい。

- 送料と代引手数料が2024年4月1日より次のように改定されました。なにとぞご理解のほどよろしくお願い申し上げます。
  送料（1回につき）**450円**　代引手数料**350円**

［インターネットによる注文］

当社ホームページより要領に従いお申込み下さい。

体育とスポーツ出版社　検索

※表示価格は税込　※クレジットカード決済可能（国内のみ）

（株）体育とスポーツ出版社

〒135-0016　東京都江東区東陽2-2-20 3F

［営業・広告部］

TEL 03-6660-3131　FAX 03-6660-3132

Eメール　eigyobu-taiiku-sports@thinkgroup.co.jp

郵便振替口座番号　00100－7－25587　体育とスポーツ出版社

［剣道時代編集部］

〒101-0065　東京都千代田区西神田2-4-6宮川ビル2F

TEL 03-6265-6554　FAX 03-6265-6553

［ボディビルディング編集部］

〒179-0071　東京都練馬区旭町3-24-16-102

TEL 03-5904-5583　FAX 03-5904-5584

残心

剣道で大事とされる心として、残心（ザンシン）があります。

打突後の油断のない心と体勢のことを言います。心を残さないように打ち込めば、自ずとその後の体勢は整うとの意味です。その説明によく使われる例として、コップに入った水を思いっきり捨てると必ず一滴の水が残りますが、たらたらとゆっくり捨てると水はすべてなくなるといいます。つまり、技の終わりが、次の技の始まりになるように終結することが残心です。

さて、私たちの生活の中で、この残心の教えが、より前向きにしてくれることが多くあります。たとえば、料理を作ります。楽しい夕食は、食器や鍋を洗いもとの棚に戻して終わりなのです。こう考えれば、次に作るときに楽しい食事を頭に描きながら始めることができます。料理人が店を終えてから、厨房をピカピカに磨き上げて店を閉めるのに似ています。そうではない場合では、次に始めるときの意欲は大違いです。また、夜学習を終えた時、机の上を整頓し、明日の朝の行動をシミュレーションして荷を纏めて寝ることは、次の日の朝に一時間の余裕ができます。寝坊したとしても電車に乗り遅れることはないでしょう。剣道する人は、昇段審査の前日や試合の前日の準備だけでなく、毎日が残心です。新潟の加藤治先生が、稽古後、今日使った竹刀を手拭で丁寧に拭きながら破損はないかチェックして竹刀袋にしまわれました。明日の稽古を見据えた残心に感銘を受けた次第です。

剛胆

中野八十二先生は、試合前には、よく「細心して剛胆」と書にされ、道場に張り出されました。剛胆とは無謀ではなく、度胸がすわることです。

隅々にこころ配りをして努力をしておけば、肝もすわるということです。人はこの剛胆さがあって、初めての事の理を見極める明察力ができ、積極的な行動がともなうのです。昔、後三年の役に、柿の木の下にいた兵士が、上から落ちてきた、熟した柿が体に当たったのを、矢が当たったと思い込み、もはや命は助からないと早合点して戦友に首を切ってくれと頼んだそうです。頼まれた者が、首を切り落として体をあらためて見たら、矢の傷はどこにもなく、頭に熟柿の砕けた跡があっただけであったという話があります。先ず、腹がすわってなければ勝つものも勝たないものです。

一眼二足三胆四力

『勝負』に勝つことは優先事項です。だから、勝つためにしっかり練習するわけですが、優先努力項目として、『一眼二足三胆四力』の教えがあります。一眼とは、見抜く力が大事と言っています。自分の力の分析であり、自分の力と勝負する相手のことを良く知ることが最初のことです。次の二足は、足が大事で捌きの事を言っています。目標ややるべきことが明確で自らが動くことです。そして、三胆は、勝ち抜こうとする気力です。すなわち気持ちを充実させることが大事です。最後に四力とは、眼・足・胆の力を総合的に臨機応変に使う能力のことを言っています。是非とも力をつけ、自分をよく知って、やるべき事を明確にして、気力を充実させて毎日をがんばってください。

未来

勝ちに
不思議の
勝ちあり
負けに
不思議の
負けなし

剣道では自分と相手の間には竹刀二本分の距離があります。自分の竹刀先まで自分の体の一部としても、少なくとも相手の打突部位まで相手の竹刀分の距離があるのです。だから、自分が打ちの動作に入ってそこに自分の竹刀が到達するまでに、〇・何秒か時間がかかるのです。自分が相手に『打ちますよ』とスイッチオンして〇・何秒間は敵も防御する時間帯でもあります。自分の面打ちが一秒かかると仮定したとき、一秒後の未来の敵の隙はスイッチオンしたときとは変わってしまうのです。剣道は今現在の敵を狙っても勝てません。一秒後の未来を打って初めて勝てるのです。

剣道は未来を打つのです。

その未来を予測ことであり、その予測の状態なるように相手を攻め操るのです。

丸

道場では、先生が上座に座りますが、少人数の稽古会では、丸く円陣を組み正座し挨拶をすることが多くなりました（土浦地区では）。丸く座ることで、上下の関係を作らず、親しみやすく、本音で悩みを打ち明けたりもできるので、助言も具体的で勉強になるものです。さてその丸についてです。

昼休みに何をして遊んでいるか中学生に調査してみました。その結果は、バスケットボールが最も多かったのですが、野球、テニス、輪になってバレーボールなど七割が丸いボールでした。どうして、丸い物を持ちたがるのでしょうか。これは、私の推測ですが、赤ちゃんの時に身についた母の乳房の安らぎがではないかと思うのです。このような、レポートを筑波大学のコーチ学球技概論で提出したことがあります。栃堀名誉教授からAの判定を頂いたことを覚えていますので、満更、異論ではないと信じます。壮年前の宮本武蔵が書いた墨絵のホトトギスのくちばしがとがっており、武器が心から離れない安らぎの無い心境であったと聞いたことがありますが、昼休みにちょっと安らぎがほしい「丸」なのかもしれません。

丸には、「人間が丸くなった」などの凹凸がないこと、始めたところから元に戻る（初心に還る）、輪になって結束や絆のこと、合格・正解の丸等、いいことばかりの意味が考えられます。さあ、丸くなって素振りをしましょう。

理合

剣道の有効打突（一本）は、「理合（りあい）のある打突」と残心（油断のない体勢・と心）が合体して成立します。高段者は前者を重要な課題として、修行し続けています。

「理」とは「ことわり」で、「人の力では、支配し動かすことのできない、ものごとの当然のすじ道」というような意味があります。こうすれば必ずこうなるという必然の条理とか道理のようなものを「理（ことわり）」と言います。ですから、「剣を用いて戦う技術においては、それに合うような、こうすれば必ずこうなるという必然の理」というものがあり、この「理」のことを「剣の理合」と言います。そして、この「剣の理合」に基づいて、各人が各人にとっての様々な身体運用や剣の操作をするための法則、すなわち「ある人が、剣を扱う技術を行うにあたって、その人が従い守るべきよりどころとなる法則」というものがあり、これを、その人の「剣の理法」と言います。

剣道というのは、剣の理合を百錬の稽古によって学び、そこから自らが行うべき、自らの法則「剣の理法」を自得するための修練のことです。それ故「剣道は、剣の理法の修練」と言われるのです。

さて、「剣の理合」は要素として姿勢・気勢・間合・体捌・機会・手の打ち・中心取りの攻防が合理的に機能し、打突部位を刃筋正しく強さと冴えを持って打突されることの要件を満たすことです。

だからこそ、活人剣をめざした生き方にも理合と理法が必ず存在するはずなのです。

一点を抑える

私達修行中の者や若き剣士は、相手から打たれないために、「こっちだ」「次はこっちだ」と竹刀を右に左に動かして防御します。しかし、先生たちは剣先も動かさずピタッと手元を押さえ技を出させません。どうしてそんなことができるのでしょうか。

戦争中、南国に進んだ日本の兵士は、宿舎として現地の民家の空き家を借り受けました。ところが、清掃中、押入れの中に大蛇がとぐろを巻いているのを発見し大騒ぎになりました。兵士たちは、皆入れ代わりたちかわり、尻尾をつついたり、頭を叩いたりして逃げてきます。銃をかまえても何処をねらっていいか分かりません。そこで、現地の蛇遣いの名人に助けを求めることになりました。するとその名人は、そこにあったホウキの柄で大蛇の首の後ろをギュッと押さえました。蛇はクルクルとホウキの柄に巻きつきました。それをかついで、名人はサッサと帰っていきました。日本の指揮官は「名人の極意は一点をおさえることか」と感動したとのことです。

別の話です。長く続いているテレビ番組「笑点」の大喜利で、こんな問題が出されました。『真裸でいたら突然目の前に客が現れました。胸を隠しますか？下を隠しますか？そして一言言ってください』でした。その答えで、私がなるほどと思ったのが『黙って、相手の目を隠す』でした。一点をおさえればそれで済むわけです。なるほど先生の剣裁きと同じ、極意でした。

表と裏

刀には、オモテとウラがあります。剣道で「ウラを攻めて、オモテを打つ」等、使ったりします。このオモテとウラについて考えてみましょう。

オモテとウラという言葉は、「物事の表裏」というように、事柄の両面を示すとともに、対概念として色々な組み合わせで使われます。たとえば、「表通り、裏通り」「表書き、裏書き」「表地、裏地」などのごとくです。オモテとウラはそれぞれ外と内という日本で特に意識されることの多い人間関係の区別に対応すると考えられるからです。すなわちオモテはとは外に出すもの、ウラは外に出さずに内にしまっておくものというわけです。このように考えると表向きと裏向きの意味が一層よくわかります。

次に、オモテとウラが古語では顔と心を意味するのです。オモテが顔を意味することは「オモテをあげーぃ」という遠山の金さんの台詞で一般に知られていると思いますが、ウラが心を意味することはあまり知られていないかもしれません。たとえば『羨む』はウラすなわち心が痛むこと、『裏切る』は（相手の）心を切ること、『恨む』は相手の隠れた心を見ることとです。

ところで、顔と心は一般に顔が心を表現する関係にあり、「顔が輝いている」「顔が曇っている」といえば、直接的には顔のことを言いながら、顔に表れた心のことを意味しています。もちろんここでいう顔というのは単に肉体の一部としての顔ではありません。それは見たり、聞いたり話したりまた行動する人間の主体を代表するものとしての顔です。しかし、顔は、かならずしも正直に心を表現するものではなく、鬼面仏心というように、心を隠して見える場合があります。すなわち顔は心が剥き出しにならぬように、それを表現しながら隠し、隠しながら表現する場合もあります。ともかく顔と心が不即不離の関係にあることは間違いないと言ってよいようです。表情は、心を表現しながら隠し、隠しながら表現する複雑なプロセスです。『表と裏』（土井健郎著・弘文堂）参考。

以上、顔と心の関係についての考えは、能面の世界で顔をオモテと読むようにそのまま、オモテとウラの関係に妥当します。すなわち、オモテは見えますが、ウラはオモテに隠れています。オモテはしかしオモテだけを現すのではなく、また、ウラを隠すためのものでもなく、ウラを表現するものです。あるいは、ウラがオモテを演出していると言ってもよいでしょう。

さて、実生活でもオモテとウラがあることを理解してほしいことがあります。私は寮で勤務していますが、よく他人の机の上に自分の荷物を置いて遊びに行く人がいます。また、他人のロッカーの扉に自分の衣類を掛けたりします。机の上やロッカーのドアを使用している人のオモテ（顔）なのです。

顔をふさぐことは失礼です。

オモテとウラはいたるところに存在します。

注意しておきたい事です。

石に立つ矢

中国の漢の時代に、李広という武将がいました。そのころ漢の軍隊は、長城の北の方に本拠を置く匈奴の軍と戦っていました。李広の本隊が軍を進めると、その迅速な戦いぶりに恐れおののき、李広を飛将軍と呼んだといわれています。この李広がある時、草原の中に軍を進めていたところ、前方に一匹の虎がうずくまっていて、今にも李広に向かって襲いかかろうとしています。驚いた李広は、必死の思いでねらいを定め、一心こめて矢を放ったところ、その矢は見事に命中しました。「よかった」と思った李広が虎に近づいてみると、なんと、虎と思ったのは誤りで、それは虎に似た石だったのです。李広は自分の腕前を試そうとして、再びその石に矢を放ちました。しかし、今度は失敗し、矢は天高くはねかえされてしまったという話です。一生懸命になって事にあたれば、どんな難関でも突破することができるという教えで、この話が『石に立つ矢』と言われています。

同様の教えが日本にもあります。千葉道場の茶坊主が試し切りをしたい浪人者の数人に絡まれました。一旦道場に帰り、千葉周作先生に教えを受けて刀を借り、教えの通り大上段に刀を構え、目を閉じ冷んやり感じたら振り下ろすことだけ考えました。浪人たちは相打ちで死ぬことを恐れお前が先に行けと譲り合い、結局勝負できなくて帰って行ったと言うことです。「決死の心、千人を走らす」という逸話として残っています。

一対一の世界

剣道の考え方は多面的であり、特に部活動では教える先生によって指導の方法も違います。しかし、剣道は一対一の対人競技であることは変わりません。私が一番心を痛めたことがあります。

ある男子生徒が毎日最初に稽古に掛かってきます。回数を重ねるごとに厳しく稽古をつけていきました。稽古後の反省アドバイスで、その子にとっては、その厳しさは大事であると十分理解していたはずです。

ある時、その日の稽古で前日の課題どころか、いい加減な稽古であったのでさらに厳しく稽古していました。すると、それを見ていた海外帰国生の女子が、後ろから「体罰だ」と竹刀で私の頭を後ろから叩いてきました。まるで暴漢者を対峙するように。私は初めての経験でびっくりしたのが本音でした。私は「お前には関係ないことだ」と揉み合いのすえ、稽古は一時中断しました。

その女の子に「一対一の対人競技という意味」、「個人の価値と他人の価値」、「稽古は言葉のない会話である」「一対一で、相手も求めて、望んでやっていることに対して第三者が『やめろ』とは言えないだろ」と話をしました。彼女も分かってくれたようでした。

ところが更に驚くことが起きたのです。男子生徒本人に「毎日一番に稽古に掛かってくるのだから、強くなりたいと思ってのことで、厳しい稽古も覚悟の上だよね」と、彼女の前で確認する意味で尋ねました。

男子生徒は「つらい稽古は嫌です。良くないと思います」と答えたのです。力が抜けてしまいました。通じていなかったのです。私の思い込みだったわけです。じゃあかかってくるなよと言う気持ちをおさえながら、深くあやまったように記憶します。

中野八十二先生の七回忌の時、大学の先輩たちが揃う中で、近況報告でこのことを報告しました。「先輩たちの教えの通り指導したらこのようになりました。大学のあの指導は何だったのですか。青春を返してください」と、剣道全体の問題として、笑いをとりながら報告したのを覚えています。このことは、この教育系の大学の先生の間でも話題にもなり、アドバイスをたくさんいただきました。滋賀大学の村山謹治先生から「こうしたトラブルの中でも話せる場があるということがいいことである」と話を頂きました。未熟な若かりしときの話ですが、一方通行になりがちの剣道の世界ですから、今も対話を心掛けているところです。

話しは逸れますが、その村山先生の父上である慶佑先生が熊本におられるころ、おじゃまして、武道専門学校の話をお伺いしたことがあります。稽古をしていると、いきなり後ろからポカリと竹刀でたたかれるそうです。振り向くとただ一言「隙あり」と先輩から言われ、何も言えずまた稽古に励むのだそうです。「その時代は、一対一ではない。道場に入ったら、みんな敵と思っていなければ、やっていけなかった」と話してくださいました。

とにかく、一対一の稽古でも後ろに目がないとこぶだらけになる緊張した稽古が続いたそうです。一対一でありながら、一対全員の世界があったそうです。

打つべき機会

京都で年に一度行われる全日本剣道演武大会に参加しました。剣道の最高峰の先生方で、八十才近くの八段の先生まで一回だけ二分ほどの試合稽古をするのです。一年間修行した結果を、この二分で表現するのです。ただ勝つというのでなく、美しく、強くそして自然でなければならないのです。私も若手のひとりとして参加しました。これからどのような求め方をしていくべきか悩んでいたので、これから先の全体像が見られたようで自然に心が開けました。

しかし、そんな試合の中で、一本も打ちあいのない試合がありました。あとでお伺いしたら、ただただ打つ機会がなかったからということでした。試合なのに自分から勝とうとしない、こんなことがあるのかとまた悩んでしまいました。

その機会とはどこであるのでしょう。無心から有心に変化する瞬間、つまり我が「攻め」によって、相手が、例えば「危ない」とか「打とう」と思い心が変化した瞬間がその機会なのでしょう。だから、相手が動じず心が変化しないところを打つのは修行が足りないわけです。「心の読みあい」「心の動かせ合い」であって、その一瞬が勝負なのです。打てばよい、勝てばよい、の次元ではないようです。勝ちと負け、成功と失敗という価値体系を超越した戦いなのです。

もし、将来目に見えない心の戦いが映像化される時代が来れば、バチバチの火花が散ることでしょう。

大砲とピストル

相手をよく知り、相手の得意技も研究し、完全にその攻撃を防ぐことが第一です。そして、自分の得意技を相手の守備の薄い所にその技をあてはめていくことです。よく試合で、普段練習もしていない技をしきりに繰り出す人がいます。また、にわかコーチも相手の隙だけをみて自分が試合しているがごとく、選手が十分習得できていない技で、狙わせるアドバイスを行なったりします。もちろん、その選手が技能が高くすべてに対応できるのであれば内容が違いますが、先ずは選手の決め技を理解していなければなりません。相手は大砲・機関銃を持っていて、こちらはピストルで玉一発の戦いのケースです。勝ち目は九分九厘ないかもしれません。しかし、０・１％の勝ち目は残されています。ピストル一発でも勝つことはできるのです。それを、いつ、どの場面で発射するかがもっとも大事な作戦なのです。

「迷わす」と「惑わす」

【心こそ　心迷わす心なれ　心に心　心許すな】これは、沢庵禅師の『不動智神妙録』の最後に締めくくられた歌です（鎌倉幕府北条時頼の作とされ、後に沢庵禅師に伝えられました）。

熊本の中嶋隆志先生は歯医者さんです。PL学園高校時代にインターハイ団体優勝の大将を務められた方です。中嶋先生は書がお上手で、手紙は巻紙で、いつも胸に筆を忍ばせてあります。剣道談義で仲良くなった方に名刺代わりに色紙に「心こそ……」と書かれるのです。高校時代、阿蘇高校監督の泉先生より贈られた『剣道教典』という本には、「心惑わす」と実際に書いてあり、そのまま使われてきました。ところが、熊本の稽古会の後の宴席で、同じテーブルに座された秀島史孝先生とその話になりました。秀島史孝先生は「迷わす」と大学の授業で習ったと首を傾げられました。翌日、秀島先生は自宅で出展を再確認され私に「迷わす」が正しいと連絡下さいました。私は「惑わす」は意図性があると古典の先生からも教えられ、自分が持つ二つの心の一つが自身を迷わすのであろうと再勉強しました。どちらにせよ敵は自分にありということです。三十年近くお世話になった水上町でのこぶし旗・白樺旗大会で、故小野里一仙町長のこの歌が入った縦書きの手ぬぐいが配布されたことを思い出し、息子の小野里龍成先生にお願いしてその手拭いを頂き、中嶋先生・秀島先生にお渡しした次第です。

知らないからできること

日本の剣道界で十段は歴代五人しかいません。戦後で初めて十段になられる先生で一番近い方として中倉清先生がおられました。その先生が私達の稽古場へお出でくださいました。私は、どんなすごい有名な先生か知りませんでした。後に本やビデオでびっくりしてしまいました。

最初、『どこの老人だ』といった程度で、稽古の順番をまっていました。私の前の、若手の先生が突き・面と好きなように打たれています。『凄い』、今風であれば『やばい』でしょうか。

私の番になりました。よしとばかり、反面をかわして逆胴を切りました。左足が前にさ

れるところを逆に反面に打って出ました。なぜか後ろの方でどよめきが聞こえます。更に突きなど調子にのった自分が今から思えばはずかしいかぎりです。突きや反面や逆胴など先生に使う技ではなく逆に失礼な技だからです。きっと私が常識のある稽古人であれば、萎縮していたでしょう。若く、何も知らないがゆえにできることもあるわけです。若さの良さは、「怖いものはない」と思える時代に生きていることです。やるだけやってみた方が何か開けるかもしれません。

さて、剣道とは、相手を打つことより、攻めきったら、次は捨てきることが大事とされています。あるとき九段小森園正雄先生に稽古をお願いしようと並びました。私の前は大矢稔先生です。グッグッと入って面を打ち出します。小森園先生は返し胴、またもとの位置にもどり、同じようにせめて面そしてかえし胴、そして三度目も返し胴、そして掛かり稽古。なにやってるんだろうと心の中で思いました。私の番になりました。同じように返し胴。そこで、「よお～し」とばかり同じように入って、小手を打ちました。我ながら見事と思いました。ところが、先生は『ばかもの』の一括でした。あとで、聞きましたら、なぜそこまでせめたら、捨てきらないかとのことでした。

若さゆえ恥をかいた二つのことをお話ししました。

戦場のメリーゴーランドで有名なミュージシャンの坂本龍一さんも、インタビュー形式のコマーシャルの中で、「若者を一言でいうと非常識である。でも、知らないからこそできることがたくさんある。常識を持ち始めるとやりたくともできないものである」と言っています。

知らないからこそ、そこに飛び込めることは、若者だけの極意ではないでしょうか。

三つのC

勝利の原則に三のCというのがあります。Confidence 自信、Concentration 集中、Coolness 冷静さです。チャンスとばかりに打ち込みますが、打たれることもあります。「行っちゃえ」と見切り発車だけでは失敗することが多いものです。集中し、冷静に、確実に自信を持って打ち込むと結果は違ってきます。

自信は自分を信じることから身につくものですが、練習において、現時点でこれ以上はないというほど準備をしておくことが自信の源です。

また、いくつかの経験によって先を想定できることによって、自信が持てるものです。集中力は前に述べた通りですが、勝利までのパターンのリズムを崩さないことが集中している状態です。それをコントロールする力が、冷静さと言えるでしょう。

正眼・晴眼・青眼・星眼・臍眼の構え

今は、五つのせい眼を総称して中段と言っていますが、昔はその剣尖のつけどころによってせい眼を五つに分けていました。「正眼」は剣先を相手の咽喉につけ、「晴眼」は両眼を日月になぞらえて中間に着け、「青眼」は相手の左の目につけ、「星眼」は天上になぞらえ相手の額の真ん中につけ、「臍眼」は相手の臍に着けたそうです。「臍づけ下段」「地摺り臍眼」というのがあり、臍を中段と下段の境目だったようです。中心の取り合いの攻防が剣道の本質と言われますが、その中心がどこなのかが問題です。正中線のどこかにあります。相手の構えや、攻め口によって、五つのせい眼を何時も使い分け中心をとったのだと考えます。本当に生死を賭けた時代には、緻密に計算された構えであったことに気づきます。

今、なんとなく剣先が相手の方に向いていれば、中段の構えとして解釈しています。もっと懸命の精神で身構えも心構えも研究し構えなければいけません。

裁く

審判の裁きによって、剣道が変化していきます。だからこそ裁くことは大きな仕事です。さて、審判をしていて、頭の中が真っ白になることが私も二度ほど経験があります。関東高校剣道大会の決勝の審判のことです。関東大会では、監督と審判が同一出身大学にならないようそこまでチェックします。そこで、なぜか私が審判に起用されました。あとお二方は、現在八段のベテランです。その時点で呑まれてしまったかもしれません。私が、突きを有効と旗を上げると二人が無効とします。今度は、面を有効と表示すると二人が無効と表示します。私には絶対無効と思われる技に二人が有効として旗を上げるのです。この時点で、自分が目茶苦茶な審判だと思われるのではないかと不安がよぎりました。最悪なことに合議のあと副審のわたしまで旗を出して所作をまちがえてしまったのです。しかし、後ろで見ていた審判団が「あれは突きありだ」と言ってくれたことで救われました。ところが、控室で、審判員全員がいるところで、部長の岡村忠典先生からお呼びがかかりました。「何だ今の審判は。立っている姿が悪い」と直立不動の私を怒鳴られました。大会が終わっての帰り道に同窓の先輩から、岡村先生の伝言を受け取りました。「審判全員を叱ったので、お前を個人を叱ったのではない。村嶋が一番叱りやすかったからだ」とのことでした。救われた気持でした。それから三十年が過ぎ、ある大会があり、岡村先生が雛壇に座られました。帰りに「審判、立派だったよ」と私の耳元で言い残して帰られました。きっと三十年前のことを先生も思い出されたのだろうと感謝しました。

もう一つは、随分前のことですが、関東女子学生剣道優勝大会の審判です。優勝候補の東海大学の一回戦。東海大学が副将まで負けていました。大将が一本取って代表戦と言う場面でした。会場全部がざわつくのを感じました。A大学大将は、反則一回にもかかわらず、くっついて時間をかせぐのがあからさまです。時間が短かったのですが主審だった私は、「止め」をかけて、『注意』をとりました。この場合、合議をし、反則をだせば結果は同じでも印象として何も問題はありませんでした。もしくは、『注意』が二度目で反則も二回目となり東海の一本ありです（副審はそれに反対はできなかった）。私が十秒ほど待てばよかったわけですが、そこに、盛り上がる試合場横に、大野操一郎範士先生が乗り込んできて、試合掲示版を覗き込んで『誰だ。審判は』といわれるのが聞こえました。結局、代表戦で東海は打たれて負けてしまいました。その結果には影響は無かったのですが、審判がミスったということが印象として残ってしまったのです。一事が万事で一つのミスが全体を決定してしまいます。審判には逃げ道があります。あれは「教育的配慮」で、明らかに場外が早かったが、危険であるので先にやめを掛けたと言い分けして反則を見逃したたり、「せめがたりなかった。こぶしに見えた。体が乗り切れていなかった」と主張して一本を見逃がしたりすることがあります。理由を後付けすることがないよう現象のみをしっかりみること、ルールの実践を熟知しておくことが大事です。

今となっては、そういう場にいさせていただいたことに感謝しています。

限界を超える

大リーグのイチロー選手が二〇一六年の冬のオフに日本の野球少年に語っていました。「他よりも二倍練習しろという指導者がいますが、二倍など僕にはできません。ほんのちょっと限界を超えるように毎日やってきました」と。

さて、その（限界）とはいったいどんなものなのでしょうか。東大教授の石井直方氏は『コーチング・クリニック』（ベースボールマガジン社）の中で、次のようなことを言っています。限界には生理的限界と精神的限界があります。運動をしていて「もうだめだ」思う精神的限界が先に訪れ、生理的限界に近い所でギブアップしていることがほとんどです。実際はもうだめだとギブアップしてもまだ力は残されています。

実際に、電気ショックを与えて更に筋肉が動く証明実験や、催眠によって力を発揮したり、火事場の馬鹿力なるものがあることからも理解できると思います。

剣道の練習で最後に、追込み練習や、掛かり練習などのハードな練習をして終わることが一般的ですが、これも生理的限界に近い所で終わり、昨日のベースを今日ちょっと超えて終わろうとするねらいがあるものです。イチロー選手が言っていることと同じ内容です。

運動の限界に近づくと「痛い。いやだ。やめろ」と脳が筋肉に信号を送るのです。その限界を超えるためには、トレーニングの積み重ねが必要です。その積み重ねによっておこる無意識化現象が起こります。このことを限界を超えたというのです。この無意識化が「痛い。やめろ」の脳の信号を無視して動いてしまうのです。これによって、火事場の馬鹿力もうまれてくるのだと推察されています。

色

「攻めて打つ」と言う中に、フェイントを使い打突したときに、「色を使った」と言われます。どういう意味なのでしょうか。

先ず、色について考えてみます。色が見えるということは、特定の色の光が目に届くということです。たとえばネオンサインの青い光が目に飛び込んでくれば、私たちはそれを青いと感じるのです。では、トルコ石のように自分から光を出していない「物」が、青く見えるのはなぜなのでしょうか？

この場合、私たちは物に当たって反射してきた光の色を、その物の色として見ています。青い光だけをはね返し、それ以外の光を吸収する物からは、青い光だけが目に入ってくるので、私たちは青い物と感じるのです。赤は赤い光だけを、黄色は黄色い光だけを反射します。白はすべての光を反射します。黒はすべての色を吸収し、目に入ってくる光が何もないので黒く見えるのです。これが「物についた色」の見え方のしくみです。空の青も、信号の赤も、レモンの黄色も、さまざまな波長の光が目に入って色が見えるという原理は同じです。『サイエンスウィンドウ１００７・５』（科学技術振興機構）

つまり、強い攻めによって。相手が面の色（気配）を感じたとき、面の色が相手に届いたということです。その色に対しての相手の反応によって技を選択して打ったものを「色を使って打った」ということになるのです。沢山の色を出していても上級者には届かない（反応しない）ことも現実です。

しかし、自分さえどう打ったか覚えていない無色透明の技が最高のようです。

《先生と呼ばれる人》

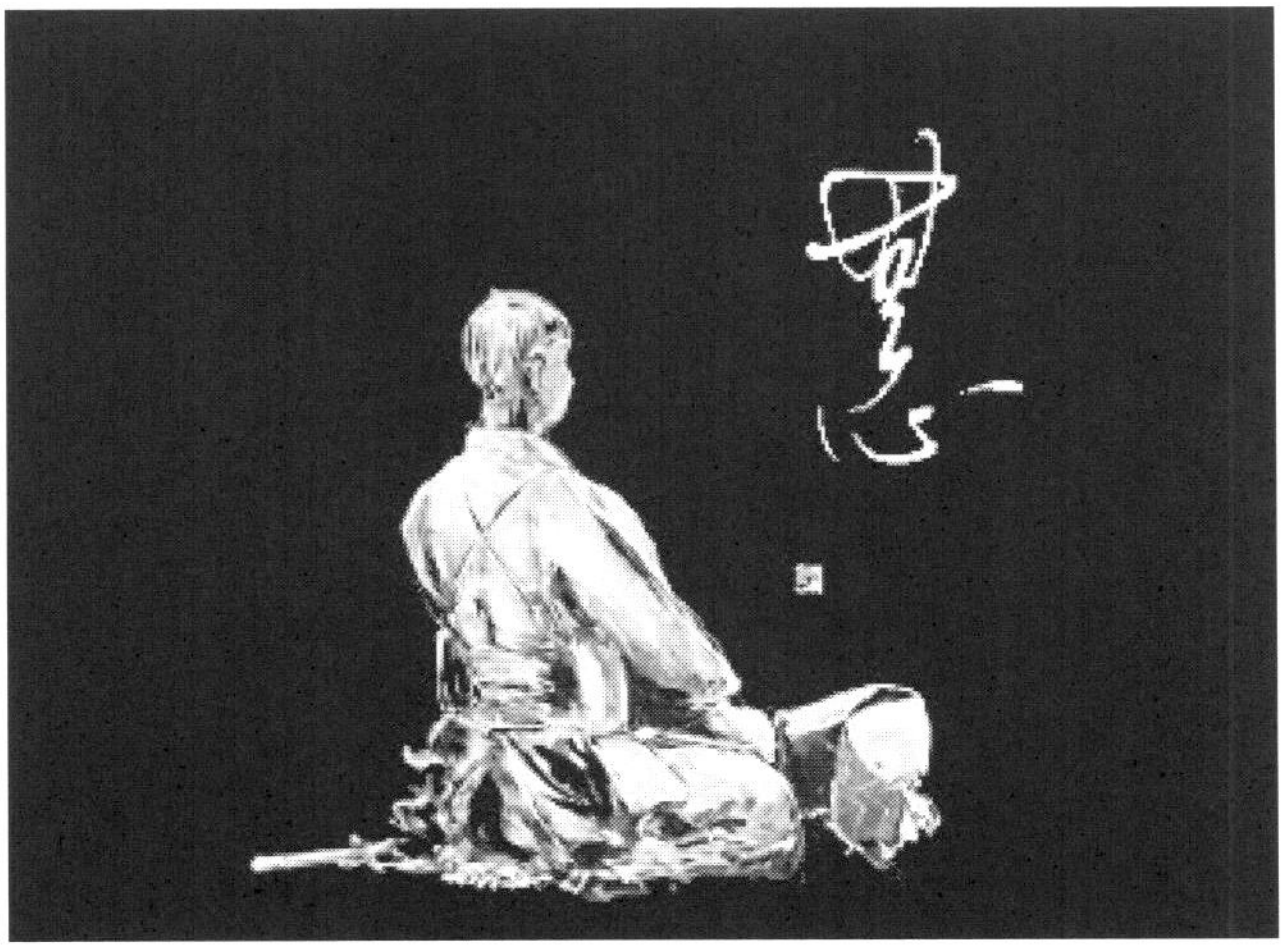

先生とは中国では、先に目覚めた人のことを言うそうです。指導するのはある程度技量があればできるかもしれません。しかし、弟子に開眼させるよう準備手助けし、気づかせることは難しいものです。それができるのが先生と呼ばれる人かもしれません。

「平凡な教師はお喋りをする、良い教師は説明する、優秀な教師はやって見せる、しかし、最高の教師は子供に火をつける」。アメリカの教育者ウィリアム・アーサー・ウォードの言葉です。

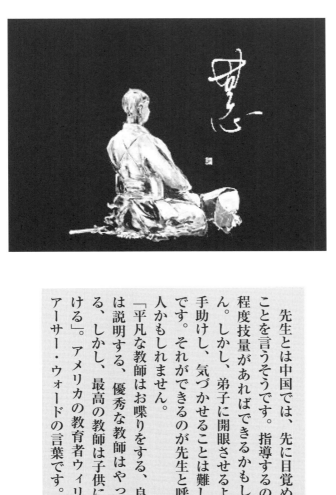

教師という認識

先生と呼ばれる人の中の『教師』ということについて考えてみたいと思います。

千葉県の社会科の教員採用試験において二百八十六倍の倍率で試験が行われたことがあるそうです。この難関を突破した教師が本当に良い教師になるかはさておき、大変厳しい現実があります。さらには、世の中は、私が育った時代と違って、思ったことが制限なくできる時代です。そして、子どもの権利が子どもの成長の段階とは関係なく入りこみ、やりすぎると批判も受けてしまう時代です。そうした時代だからこそ、生徒の段階に応じた教師の教育実践技術が必要なのかも知れません。たとえば、『黒板の落書き』を消させるためのテクニックがあります。自分で消す。日直が消す。嫌らしい方法ではありますが、その落書きの上に書き、必然的に私が消しますという生徒が出てくるよう仕向ける方法です。こうしたちょっとしたテクニックが自分の教師としての存在を決定していくのです。また、教室がうるさいときでも、静かになるまで待って話しだすことや、話を聞いてやるとき、語尾を繰り返しながら聞いてあげること等カウンセリングの専門書には難しく書いてありますが、簡単なそして大事な教師の実践方法です。こうした教育実践技術を多く知っておくことが、よい教師の条件です。

こうしたことは、本や大学の授業だけでなく、机を隔てた会話で勉強できるものがあるのです。剣道の稽古のように自分から求めれば、話が聞けるのです。「私はこう思うのですがどうでしょうか？」と聞き、実践スキルを多く知ることが若き教師に求められることだと思います。

教師の風貌

武の五徳で述べたように、剣道では「礼に始まって礼に終わる」と言われますが、稽古の始まる前と後に礼をするということだけではなく、言語動作や服装にも常に配意と実践がなされねばなりません。昔はバンカラとかで髭面に破れ袴がはやった時代があったように、今日、破れた衣装をファッションとして着る時代が再来しています。

一方次のような見方もあります。吉田松陰が佐久間像山のところに教えを受けに行ったときに、佐久間は「汝礼を知らば髪をくしけずってこい」と吉田松陰を諭したと言われます。また、源頼朝髄兵の掟の僅か三ケ条の中に、服装態度の立派なものという意味の「容儀尋常」を入れています。服装態度は昔の武士の大事な条件であったのです。現代でも「服装は礼のいろは」という言葉もあります。また、「服装は相手への紹介状」とも言われます。

前にも述べましたが、湯野範士は「体育の先生は一日中体操着で学校中走り回っていて、グランドをかっこよく歩けること」と若い私に話してくださいました。私はしばらく年月を経て後輩に話しました。後輩はどう勘違いしたか、体育教師のあるべき姿を伝えたつもりが、体操着に執着し、家を出るときから、背中に何やら文字の入ったTシャツとジャージで、朝のホームルームや会議までそのかっこうでした。生徒はネクタイをした制服で臨んでいるのに教師も礼を尽くすのが基本であろうと思

っています。ある役職をもって会議に臨む、あるいは父母と面談する、このときは体育教師ではないのですから、その場その場の礼を心得てほしいものです。かかとの高い靴やロングスカートで教壇に立つ女性教師がいます。これで地震でもおきたら対応できるのだろうかと思うのです。色々な立場で、その場の意味、仕事の内容で適した礼に反しないよう心得ねばならないと考えています。

教師には匂いがあるようです。その匂いこそが教師のプライドでもあります。生徒指導で駅を巡回指導したとき、他校の生徒から「臭う」と言われたことがありました。「こいつ先公じゃないの」という意味だと思います。確かに、旅行先でホテルのロビーにいた時、ネクタイ姿の同じ匂いのする人たちが大勢やってきました。会合案内を見ると校長会の会合でした。

露堂々

海外指導を通して感じたことがあります。最初に海外にでたのは、米国でした。

大学時代の夏に単身で剣道具をかついで渡米しました。当時国際剣道連盟の笠原利幸先生の紹介状を手にして各道場を回り稽古し、調査をしました。一ヶ月滞在し稽古をしました。その時、感じたことは、一か月の間にいろいろな日本の団体が訪れるわけですが、そこで、来訪される日本の先生たちは、そこで剣道をやっている人達を二流の日本人としての見方をしておられました。文化も同じ日本の中と勘違いされている方が多く来られるのでした。二世・三世の顔は日本人と同じだからでしょうか。逆に日本であれば、迷惑をできるだけかけないようにと配慮するところが、逆に横柄になっているのでした。帰国される団体にお土産が渡されますが、次からつぎへと訪問者があるので大変です。それは、ポケットマネーで準備されたものであることは、日本の方は知られない現実なのです。

私は、毎日、日本と同じように掛かる稽古をしました。訪問する先々に現地の先生がおられます。「私はお邪魔する心」を忘れませんでした。ハワイの炎天下の中で掛かり稽古をした時、「中野八十二先生も同じことをされこの場で倒れられた。お前もその弟子だ」と稽古が終わってから大歓迎をうけました。こうした経験は、台湾で稽古したときも、メキシコで指導したときも大変、友人をつくる意味でもよかったと思います。やはり、人なのだと思います。見栄を張らず、背伸びをせず、いつもの

ようにやることが大事だと痛感しました。

こんな事もありました。メキシコについたその日、パーティがありました。いきがって野袴を着きていったのですが、横に座った年配の方から『先生は強いんでしょ。ピストルを突きつけられてもパパパとやってしまうんでしょ』と聞かれました。わたしは、『怖いから逃げますよ。でもくやしいから後ろから石をなげます』と応えました。それからこのお方から、一年間何かにつけて面倒をみて貰いました。アイシン精機の諸岡さんでした。海外でも、嘘をつかずそのままの自分をだしていくことが大事と思います。

ある時、大平総理大臣の基金があることを知りました。レポートを書き、推薦者二人の推薦文を添えて応募しました。すると、百万円の竹刀代が日本から支給されました。初めて、大平基金を使用する名誉を得ました。飾らず、ウソをつかず、本音で行動した結果です（推薦者は時事通信の辻井さんと諸岡さんでした）。

枠を超える

茨城県は、ここ二十年で、飛躍的に高校剣道が強くなりました。それぞれの意識や強化態勢が年々充実しています。学校という枠を乗り越えて先生と生徒の関係が成立しているからです。平成元年、国体少年女子の部を始動するにあたって、当時女子のスタッフをインターハイに出場した監督五名で組織しました。西山荘や青年の家（テレビがない）で、剣道を語りながら、強化練習会を重ねました。歩き方、面の持ち方からはじめ、勝つこと以前のプライド教育に終始しました。もちろん教える側が、誇りと夢を持っていました。私は女子の三代目の監督となり、入賞一回を果たしました。インターハイ予選直前の強化練習会に、新潟のチームが来ました。新潟ではインターハイ予選前にはライバル校同士は、練習試合や稽古をしないのでびっくりしておられました。しかし、私達は、強化練習後に、また努力をすればよいと考えていました。指導者は、学校を越えての強化の意識を忘れず取り組んでいました。生徒にも徐々に気持ちが浸透し、学校を超えた師弟関係ができました。全体が強くなること、全体の意識が向上するためには、塀を取り払うことだと思います。更には学級・学年という枠、部顧問の枠、学校、地域という枠を超えて、教え教えられることが理想の教育の場と感じています。

アメリカ大統領は、メキシコ国境に塀を作りましたが、むしろどうしたら塀を外せるかを考えるべきなのではないでしょうか。二十二世紀の為に。

規範意識と友達先生

友達先生と高校生の規範意識の関連について、二〇〇七年茨城県高校教育研究会生徒指導部会講演会において、住金マネージメント株式会社（※現在は社名は変更されています）人材開発センター長の湯本修氏がお話になりました。

【現代の高校生の意識は変わったと言われますが、本当に変わったのでしょうか。ベネッセが進学校も含めた四千二百六十六人を調査したところ、生態、意識は昔と変わっていないという結果がでました。つまり、成績上位層は学校が楽しいと答え、下位層（第一志望校でない）は、学校に意識はなく、アルバイトして遊ぶことの方に意識があると答えていいます。つまり、昔と意識面での変化はないという結果です。中学生において、成績の悪

い生徒が、判らないことの何がわからないのか明確に質問できない状態にあることも同様です。では、このように生態・意識面で変化は見られないのに、全体は規範という点でなぜ変化しているのでしょう。変化したのは、むしろ大人社会のモラルの低下です。その結果、若者にとっての尊敬し規範にすべきモデルが不在の社会が出来上がったのです。このことが規範意識の低下に起因しているのです。

教育の現場でも「ともだち先生」を良しとした教師陣がこの風潮を助長し学校内に定着させてしまいました。これは、もちろん伝統や社会規範に拘束されることなく、次世代育成を試みた「ともだち親子」を理想とした家庭教育に端を発しているのです。しかし、生徒から見ると「ともだち先生」はneglectなのです。その結果は、善悪、規範に対する相対的な認識を抱かせるようになってしまいました。つまり、法的には認めるが道徳的には認めないという意識を育てたのです。言い換えると、悪いことと大人から言われても問題なければ悪いとは思わないと言う意識を育てたのです。援助交際がなくならないのもそうです。規範的モデルのない大人は、単に一つのかたまりの大人でしかないのです。教師は「ともだち先生」としての一つのかたまりでしかないのです。】と（当時の資料に基づく）。

昨今、非常勤職員（コーチ）や外部指導者に部活動や試合引率を一任せざるを得ない状況の中、「ともだち先生」の懸念は大いにあると考えます。また、職員室での生徒との会話の仕方も研究が必要です。ずるいと言われる仕事をしていないだろうか、規範モデルになり得ているだろうか、もう一度、自分を第三者の目で見てみることが教師としての今できる自己啓発ではないでしょうか。

私語の原因

大学の授業でも私語（公的空間の中で行われる私的おしゃべり・メール打ちを含む）が多くなっています。と湯本修氏（前出）は言います。

安藤博先生（57ページ参照）の研究では、大学生は、「授業中私語をしないことはルールであると思う」が九十一名中、四十九・五％であり、マナーであると答えた者が九十三名中、五十・五％、です。「他者の権利を侵害する」と書いた学生が多く、「他の人の授業料を盗んでいるのと同じ」と書いた学生もいます。ペナルティとして「退室とするべき」と書いた意見もありましたが、それでも意識の上ではマナーの問題と考えている方が若干高いと述べています。

私語をする原因について湯本氏は次のように述べられました。

【授業での私語（メール打ちを含む）が多くなっていることは、公的統制力が弱体化し公的道徳の

低下、小さいころからのテレビを見ながらの視聴が大きく原因していると言えます。某有名大学の調査によると、授業中の私語は、悪いと思う二十二・七%、やや悪い四十九・三%、あまり悪くない二十二・八%、全く悪くない五・二%という結果がでました。まさに、三割の生徒が私語は悪くないと思っているのです。私語は悪くないと思っている生徒でも、『私語よりも面白い講義なら聞きますよ』と言います。『私語しながらでも講義のポイントは押さえることはできるし、忙しい毎日の中で講義の時が唯一コミュニケーションを取れる時間です』とも答えています。もう一つの私語の発生理由は、現代の若者は一方的に長時間話を聞かされるような日常生活の経験はほとんどないからです。異常状態への個人適応行動が私語となっていると言えましょう。このことからも、私語は教育（授業）そのものに原因があり、one-way 授業は現代では不自然であり、対話型授業を取り入れたり面白い良い授業をしていかなければならないのです。】と。

安藤先生は「『授業中の私語』は、教える側と学ぶ側とのルールをめぐる共通認識、合意作りにかかっていると考えますが、学習秩序と学習権からのしっかりとした学びが必要なように思われます」と述べています。

とにかく、授業中の私語は教師に問題があるわけです。つまり、one-way の授業だけでなく、もっと語りあいの方法を取り入れた工夫が必要です。私語に嘆く前に面白い話はしていたか、授業はほんとに面白かったのかと反省し、また工夫・実践することが大事なのです。

まさに剣道の稽古に似たものがあります。

教師の発言

教師であるからこそ、自分の一言動に責任があります。どんな意味なのか明確に伝えることが、最も大事な仕事です。

こんな話があります。所用のため急きょ大会監督をコーチに依頼しました。なんとその試合で負けると思っていた選手が優勝したのです。そこで、監督は「一戦一戦アドバイスをしたかったのですが残念です」と祝賀会の祝辞で切り出しました。自分がその場に居たかったという軽い意味なのでしょうが、もう優勝しているのです。それ以上はないのです。私達は、正しいと思ってしている今の行動、正しいと思って発した今の一言は、もしかしたら間違っているかもしれないのです。

教師になって五年目のころ、土浦日大高校が優勝を重ねていた時代に、大祢正伸監督に連れられて、夜に土浦日大高校の剣道部の寮を見学しました。若かった私には衝撃でした。なんと毎日寝る前に千本素振りをしているとのことでした。そして次の日、我が道場でそのことを稽古後に只々紹介をしました。すると、打倒日大を目標にしていた寮の部員たちは、就寝前の自由時間に素振りを始めました。剣道部だけの寮ではないので、剣道部が勝手なことをしていると問題となりました。「日大は千本素振りをしているぞ」と言う言葉は、選手にとっては、「君たちもやれ」と同じ言葉なのです。

五者の法則

『今日は再びきたらず』という本があります。この本の中で、学校の教師は、学者の他に役者・芸者・医者・易者であらねばならないと著者の城山三郎は言っています。

【学者】であるということは、当然、知識があり、かつ生徒と一緒に勉強しなければならないのです。

【役者】であるとは、演技が上手ということです。その役になりきることが要求され、自分の心理・体調の状態にかかわらず、元気づけなければならない時は、顔はにこにこ動かなければなりません。

本心は、信頼が薄くとも、「おまえしかいないよ」というセリフを心を込めて発しなければならないのです。

次に【芸者】でなくてはいけないと言っています。

笑わせること、感動させること、楽しませることができなくてはだめなのです。人を楽しませる能力は師の資質に限ったことではありません。剣道部の卒業生が一流の大学に入りながら、三年生の時に大学をやめてバーを経営したいと言い出しました。その道に向いているのか気になり、企業戦士の宮島一郎氏（株・セイルー代表者）に聞いてみました。オイルショックで父の会社が三つ無くなった後、彼が一から会社を興した社長です。彼は二時間話せば、商売で成功する人か大体わかると言います。その根拠基準は、人を楽しませる（喜ばせる）能力が有るか無いかだそうです。その大学生がどうなったかは別として、宮島さんは確かに人を大切にして喜ばせてくれる人物です。

そして【医者】でもあらねばならないと言っています。現代、こころに病を持つ人が多いといわれますが、そこまでいかなくとも、『悩み』をもっているのが、人間です。そこを手当てしてあげるのが教師であるの

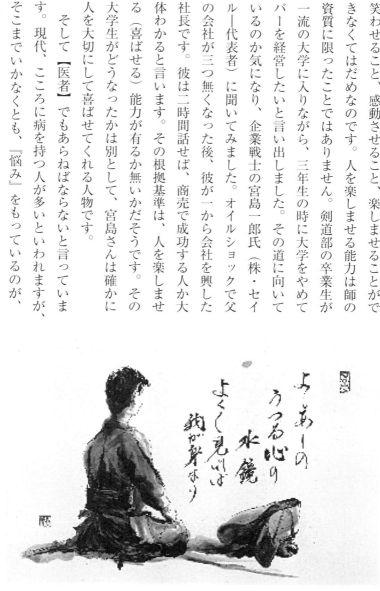

です。

最後は、【易者】です。将来のことがわかっているのが、一番の信頼になるのです。先を見通していることが大事なのです。

「教育は二十年先を見据えて取り組まねばならない」と言われた茗溪学園の初代校長の岡本稔先生の話です。先生が朝礼で壇上に立たれての第一声は「世界は……」でした。当時生徒はキョトンとしていましたが、一年、二年と同じフレーズで、しかも難しい世界情勢の話に、生徒はざわつき私語まですするようになりました。私は、何度か静かにするように大きな声を出したことがあります。退職前に直接質問させていただきました。生徒が、面白くなさそうな顔で聞いていないことは察知されていることは当然なことと思いますが、なぜ「世界は……」とお続けになるのですか？と。すると、「私が中学時代、空襲の最中、当時の校長先生が、日本は変わる。日本は変わる。とお話になった。まさかそんなわけないと思っていたのは私だけではありません。しかし、日本は一夜にして変わってしまいました。だから私は、世界を見据え二十年先の話をしているのです」とお答えになりました。現代は、テレビをつけなくとも、世界の様子、情報が知れる時代となっています。岡本先生の想像以上の世界だと思うのですが、先見の目が、【易者】の目が、世界でいや宇宙で活躍する卒業生を生み出したものと感じています。

風当り

土浦の歯科医石井敏裕先生に「名医」についてお話を伺いました。

良い先生は、皆から「いい先生だ」と持ち上げられるそうです。しかし、もっとスゴイ「名医」というのは、意外と逆に風当りが強いのだそうです。良い先生は、直接的な治療をし、いい加減で治療をやめると、患者からは「治療が速くていい先生」としてウケはいいのだそうです。逆に名医は、患者が将来悪くならないようにと考え、病気の根本を直してやろうと考えるのだそうです。その為患者さんから「治療が長い」とか「金儲けで余計なことをする」とか、苦情がきたりするときもあるそうです。

さて、教師にも二つの名教師がいます。何時も問題解決の全面に立つ先生は、解決の過程の中で問題を起こしている方から散々な言い方をされる時があります。しかし、風が止むまで立っていなければならないのです。また、目立たないですが、いつも生徒のことをよく見ていて何気なく話しかけたり、悩みを聞いたりして問題が起こらないクラス担任がいます。目立たないがゆえに指導力がないと風が吹いたりします。しかし、この二つの名教師が風を受け止めているから学校は動いているのです。

剣道も同じで、突きを受けて倒れたりすると、突きの衝撃も大きいように見えますが、倒れず踏ん張っている方が、実は突きの衝撃は二倍なのです。一生懸命なほど風当りは二倍のようです。名医・名教師は二倍、三倍の風を受けながら、自然と立っていられる人かもしれません。

器の大きい人

宗教的な関わりで剣道をしない生徒がいました。必修単位となっているため進級できないことになります。このことで親が新聞社に訴えると言ってきました。体育主任で剣道担当の若い教師の私は資料を校長室に届けました。初代校長の岡本先生は「君はこの場に居なくていい」と言われました。一週間ほどして、その子の自主退学が決まりました。後で聞いたことですが、校長は「どうぞ訴えてください。こうした問題は日本全国で考えたほうが良い」とその生徒の親にお答えになったそうです。若き私を外した配慮も含めて器の大きさを感じました。

創業百年を超える祇園のお茶屋「吉うた」の四代目女将高安美三子氏の話です。「何か頼みごとをしたとき、『うん、わかった』とすぐに関係先の人に連絡を取って手配してくれる人がいます。よく、ものを頼むなら忙しい人に頼めと言います。忙しいからこそ自分は動かず、すぐに手配できる能力が有り人脈が広いのです。もちろん人望ある方だからこそだと思います。また、器の大きい人の共通点は偉ぶらないところです。ただどんな人でもいつも器の大きい人ではいられません。性格や人間関係で長所を短所とみられたり、ええかっこしと思う人もいます。大事なのはその時に応じた振る舞いができることです」と言っています（雑誌『ＰＨＰ №８１０』ＰＨＰ研究所、より）。

私も含めて修行中の身の者にとっては参考になる話です。

本物先生のすごさ

「気」について論じる技量をもたないですが、気を練ると人間は常識を越えた域に達するようです。合気道の植芝盛平先生の晩年の演武を『名人』というビデオで拝見しました。何十人の弟子たちが襲い掛かるのですが、ポンポンと飛ばされて、最後は十数人まとめて一斉になぎ倒してしまいました。本当かなとずっと思っていました。北海道の剣道範士の古川和男先生もこのビデオをご覧になり同じことを思われたそうです。そこで海外講習会で合気道の先生と一緒になった時このことに触れ、「受け側がよく飛びますが、ちょっと大げさではないですか?」と聞かれたそうです。答えは「そうしなければ、腱が切れてしまいます」でした。では試しにと右手を目を突くように差し出すと寸座に手を取られ、関節が曲がらない方向に捻じり引かれ、「痛っ。参った」と動けなくなり、それ以上やられると、腕が壊れるか飛ぶしかないのがよくわかったそうです。さて、植芝先生の話に戻ります。古川先生が中倉清先生から直接聞かれた話ですが、中倉清先生と羽賀準一先生が若いとき、植芝先生に弟子入りされたそうです。本当に強いのかと、中倉先生と羽賀先生が夜襲を計画され、夜道で同時に襲い掛かったそうです。結果、あえなく二人は飛ばされたそうです。そのあと、中倉・羽賀両先生は「お前が遅いから飛ばされたんだ」「遅かったのはお前の方だ」と喧嘩になったそうです。それくらい同時に襲い掛かったのにと言うことです。やはり、あの映像は本物と言うしかありません。

棒ふり先生

剣道が昔から形態を変えずに現代に位置づいているのは、人と人の間で剣道の良さが共有されてきた文化としての事実です。つまり、日本人の生き方、子供の自己肯定感を蘇らせられるすべてに通じる幅広い文化なのです。私は、政府文化交流派遣で、メキシコで剣道を指導した経験があります。滞在する日本人グループの中では『棒ふり先生』というあだ名で呼ばれていました。その棒をどれだけ正しく振るか、どれだけ深く学びを取り入れるか、そしてどれだけ日本人であるかを自己に問いかけて振っていました。在留日本人の方も日本人である誇りを胸に仕事されている方で、その誇りを共有していたからこそ、剣道を単に棒ふりと表現されても理解していただき協力も頂きました。

つまり、剣を志す人だけの棒ふりではなく、剣を知らない人の棒ふりであって初めて日本の文化であるはずと異国の地で感じたものです。剣の心は、互いの生き方おいて必要で共通なものであったわけです。

さて、棒を振り始めて、振れば振るほど奥深いものが内在するものが見えてきます。また、棒を振っている人を見てもその人の奥深さが感じ取れるものです。全日本選手権覇者が正座している姿で大体の力量が分かると言ったことと同じかもしれません。私がメキシコ滞在中一九八五年にマグニチュード８・５の大地震がありました。たくさんの人が亡くなり中心街では死臭がしたともいわれます。

そんな時、メキシコ剣道を元気づけようとお見舞いを兼ねて、米国カリフォルニア州剣道連盟の江戸先生ほか五名の先生が昇段審査会と剣道交流に駆けつけて頂きました。初回の稽古会でメキシコ剣士の素振りを見て、米国の堀、有馬両先生から「素晴らしい、上達している」とお褒めの言葉を貰いました。まだ、剣道具もつけずいわば棒ふりをしているところを見て、「これならよし」と見抜いていただいたのです。それから三十年が過ぎ世界選手権でベストエイト入りを果たすことになったのです。

最近、棒は持っていても、椅子に座って、喚いている先生を多く見かけますが、そのような先生から世界の人は学ぼうとは思いませんし、共有しようとも思いません。奥深さを感じません。一所懸命に自らが振り、自らが求めている姿とは違うのです。蛇足ですが、一所懸命の意味は、一つの領土を命がけで守り抜くことからきた言葉です。その命がけで振ることによって築かれた人間性を生徒は学んでいるのです。

繰り返しですが、棒を振るだけの世界で通じる棒ふりでなく、振らない人の心に位置づく棒ふりでなければ何も意味のないものです。

尊敬される人に共通する「十の特徴」

中国映画の「岳飛伝」を見て、岳飛のファンと言うより尊敬の念を持ちました。中国ではもっとも人気のある歴史人物で英雄です。

教師も「尊敬」されて先生です。それではその尊敬の根底とは何か考えてみましょう。権力で誰かを従わせたり、恐れさせたり、サービスをお金で買ったりすることはできます。しかし尊敬の気持ちは、権力やお金ではどうにもできません。周囲の人が自発的に抱くものでない限り、意味がないのです。それでは、尊敬される人に共通する特徴とはどんなものか、以下に十個の特徴を挙げてみます。

（tabi-labo-com/200852/resupect-peapie より）

①《尊敬される人は、いつでも正直で誠実》

尊敬される人はいつでも正直で誠実です。嘘を吐いたりはしません。自分に不利になることでも、必要があれば正直に話します。その上で何かトラブルが起これば、解決しようと誠実に努めます。だからこそ、周囲の人から信頼され、それが尊敬に繋がるのです。尊敬される人は、どんな状況でも最後は周囲の人からの信頼が一番ものを言うのだと知ってします。

②《感情をコントロールできる》

尊敬される人は、何かが上手くいかないときでも癇癪を起こして叫んだり、怒鳴ったり、物に当たったりしません。言い換えれば、いつでも穏やかで感情をコントロールできる人です。何か悪いことが起こっても、前向きさを失いません。つまり、「自分なら他の人にこうしてほしい」と思うやり方で、周囲に接することができる人です。

③《素直に間違いを認められる》

間違いを認めたがらず、自分の正しさを主張して、周囲に対して攻撃的になっている人を見たことはありませんか？　自分が間違っていたことを認め、謝ることは、弱さではありません。とても強いからできることなのです。特に、他の誰かが自分の間違った判断に巻き込まれて困っているときにはなおさらです。

④《何が一番大事かを良心に基づいて決められる》

優先順位を付けるのが上手なのも、尊敬される人の特徴です。自分の利益は差し置いて、周囲の人や状況の改善に役立つのはどんなことかに的を絞り、一番大事なことを決めます。優先順位の価値観は様々ですが、例え重要な仕事があったとしても、家族に何かあればそれを差し置いてでも駆けつけるなど、基本的な人間性に関わる部分が見えることで、尊敬できる人かどうかが決まります。

⑤《自分で善悪の判断ができる》

尊敬される人は、周囲がどんなにごまかそうとしても、不正を見抜くことができます。大事なことを良心に基づいて決められるため、正しいことをするために全力を尽くします。保身のために不正に流される人は、尊敬を勝ち取ることは決してできません。

⑥《尊敬される人は分野を問わず物知り》

世界中で起こっていることに敏感で、幅広い分野の知識があるのも、尊敬される人の特徴のひとつではないでしょうか。芸術やスポーツ、政治、宗教など、知識の幅が広ければ広いほど、アドバイスを求めてくる人は増えますし、交友関係を広げるきっかけにもなります。

⑦《言葉遣いがきれいで悪口を言わない》

どんなに外見がきれいな人でも、素晴らしい才能がある人でも、言葉遣いが汚いと台無しです。また、誰かについての悪口や愚痴を言うことも、言った本人の人間性に傷を付けてしまいます。尊敬される人は感情のコントロールができるので、滅多にこうした言葉での失敗はしません。たまにそういうことがあれば、すぐに自分の言葉について謝ることもできます。

⑧《常にエネルギッシュで理想のために行動する》

ダイアナ元皇太子妃や、ネルソン・マンデラ元大統領、ウルグアイのムヒカ大統領など、大きな理想のために、危険や批判を顧みず行動を起こす人は、やはり尊敬の的になります。そのためには莫大なエネルギーがいりますが、信念が彼らに絶えず燃料を注いでくれます。一般人からはかなり遠いことのように聞こえますが、「少しでも周囲の人や社会のためになることをしよう」と行動を起こせば、それが尊敬されることに繋がるのではないでしょうか。

⑨《重要な場面で責任をとれる》

例えば自分の部下がミスをしたときに、部下には直接注意をしつつ、上司として責任を取るべきところはしっかり取ります。みんなが引き受けたがらないことを引き受けて、最後まで責任を持ちます。こうした強いリーダーシップも、尊敬される人の特徴のひとつです。

⑩《尊敬される人は、自己評価が高く前向き》

自分自身を好きではない、または尊敬できない人は、他からも尊敬されません。尊敬される人は自己評価が高いものです。自分が成功に値すると信じ、自分は何でも達成できると思っています。ミスについては反省しても、ポジティブなセルフイメージを崩すことはありません。尊敬される人は、自己評価は気持ちの持ちようの問題で、自分で選ぶことができると知っているものです。

尊敬される人は聖人ではありません。周囲の人のことを第一に考え、自分を律することができれば、

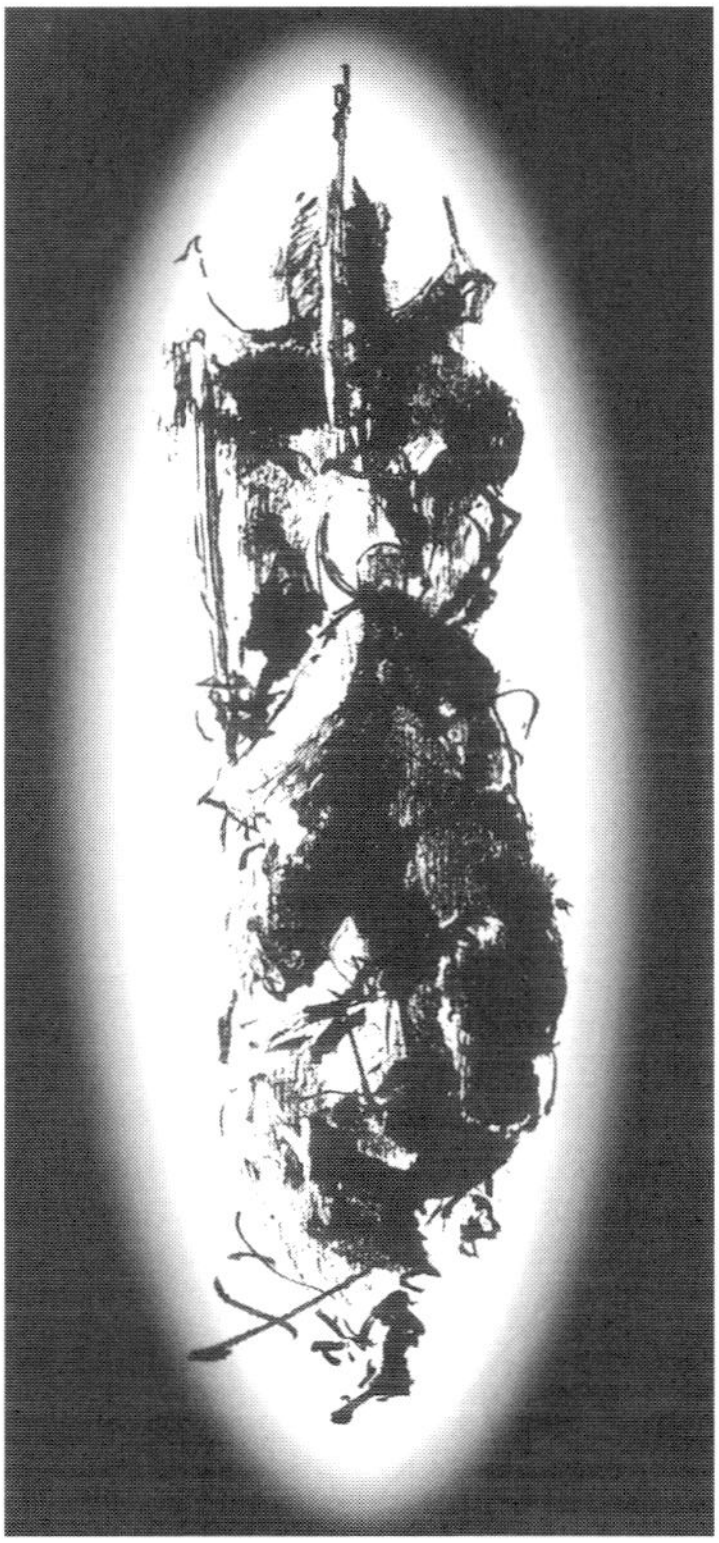

誰でも尊敬を勝ち取ることはできるのです。まずはあなたの周りにいる尊敬できる人を思い浮かべて、この十項目に当てはめてください。理解できると思います。

これらの項目を、岳飛はほぼ満たしているので、中国で最も尊敬される武士と言うのは納得できるところです。

伝える人・引き継ぐ人

昔から、武器の種類による武技によって武士の考え方・生き方そのものが変化してきたことは事実です。師の技前によって弟子の考え方も異なってくるのはそうした理由で当然かもしれません。だからこそ師が剣道をどう求めるかは大事なことです。

さて、その師は永遠に存在するわけではありません。その師の技・思いを引き継ぐ人が必要です。未開のところに城が出来上がるためには、思い・夢・信念・努力・愛・協力があり、一過性ではなく永遠であろうとする約束があって出来上がったと推察します。この約束は駅伝のタスキのようなものでずっとずっと引き渡しつながなければなりません。なぜか。それが約束なのです。

次にその城に入る師はそのタスキの存在を知ることから始めなければなりません。それが使命なのです。前の時代求めあった人は、その城が心のよりどころなのです。引き継ぐ人が、城そのものを木造から鉄筋に作り変えたりも必要な時が来るかもしれませんが、そのタスキだけは仕舞わないことです。テレビ番組の「リフォームの達人」が先代の思いれのある物を再利用して残すいきな計らいがあるのと似ています。東京教育大学から筑波大学へ、私学初代校長から次期校長へ、アメリカ日系移民一世から二世・三世へ、原点から発展的に移行したのと同様です。剣道から新時代の剣道も同様に思います。一番大事なタスキをなくさないようにしていこうではありませんか。

神の手

伊藤泰平氏は外科医の先生です。一頃話題となった「神の手」とはあるのかと言う質問をしてみました。伊藤氏が言うには、神の手がずっと神の手であることはないと言います。一人の医師の技量が飛びぬけた持ち主であっても、手術というものは、チームで行うものであって、そのチームメンバーが優れた仕事をして「神の手」が浮き出てくるものであると言います。

「神の手」の持ち主と言われる先生でも、別のカラーを持ったチームに所属した場合、優れた技量が生かされないこともないわけではないのです。そうしたことからも、成功の結果は神の手＝一人だけの技量ではないのです。とのことでした。

織田信長には、信政という参謀がいて、優勝監督には、名コーチ陣が存在するのです。心を打つ役者さんの演技は、音響や照明、衣装、メイク等すべてのスタッフの集合体であると聞いたことがあります。車のエンジンもどれか一つの部品が欠けてもエンジンはかからず車は進まないのです。

剣道においても、相手が打たれまいと斜に構えた状態から勝負する人と稽古するとき、真ん中の捨て切りは難しく、最も質の高い稽古は目指せないものです。しかし、質の高い剣道をする剣士と合気で稽古をしたとき、自分の良さも引き出されるのです。

こうした質の高い環境に身を置けるかも重要な要素です。

師を求めて

湯野正憲先生の手紙で「よき師を見つけなさい」とお話しいただいたことは前に紹介しました。

奈良大学付属高校の元監督の山本恭壽先生は、北海道の古川和男範士を師と仰ぎ稽古を求められています。奈良から北海道へ時間があれば出向き、また、全国の大会の間に行われる指導者稽古では、一番稽古をもらわれます。そして、その列の後ろに着き、日に二回稽古をいただいたりされます。技から心を学ぼうとされています。まさに師が弟子を造るのではなく、弟子が師を造るのだと気づかされ、湯野先生の言葉を再認識しました。

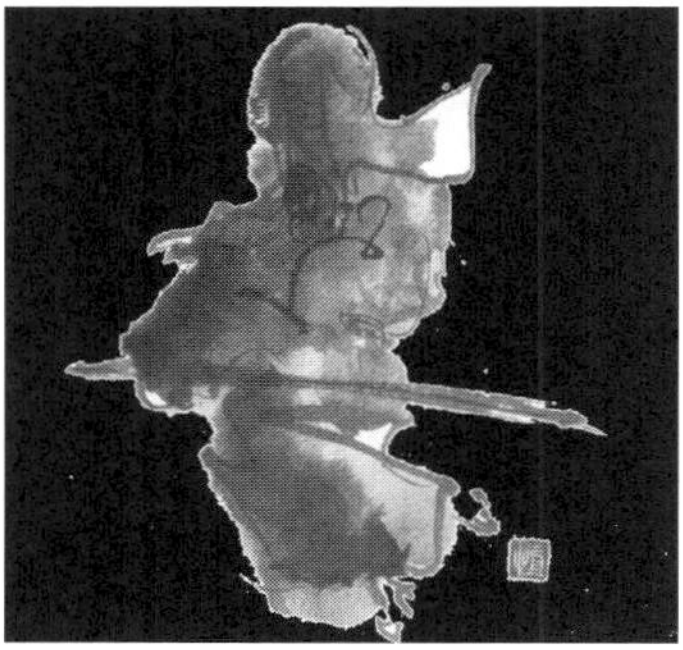

私がここで山本先生の話をするのは、弟子と自称される山本先生は、師の古川先生より年齢が上なのです。単に先輩と後輩や年齢とは関係なく師を求める姿が学ぶところなのです。

もちろん、古川範士にその魅力があることは大前提かもしれません。

だから、道場や部活動の後輩を尊敬し求めることがあっても当然ありなのではないでしょうか。

むしろ、先生と呼ばれる人たちの中に、求められない、稽古にも並んでくれない先生はいないだろうかと思うのです。

師は永遠

中学時代の剣道の先生は故井上光芳先生でした。当時、熊本の国鉄（現ＪＲ西日本）に勤務され全国の国鉄の大会で優勝された小柄の先生でした。中学の部活動の指導の後、白坪剣友会でもご一緒でした。白坪剣友会は、後に正代さんや寺本さんなど日本一を輩出したスポーツ少年団です。

通う中学は当時警察に厄介になるくらいの問題児も多く、言わば荒れた学校でした。ある時、私は、そのグループから何度と誘いを受けました。断るたびに焼きを入れられました。そんなことが、学校に知れることになり、井上先生にも耳に入りました。私には、学校からは指導はなかったのですが、キャプテンである剣道部の対応は違いました。選手から外され、稽古も頑張るのですが「人間的な稽古をしなさい」という言葉で相手にしてもらえませんでした。一番大事にしていた最後の試合にも出られませんでした。自分には非がないのに納得できなかったのを覚えていますが、それが、今から考えるとよかったと思っています。その後は、そのグループとは一切関りがなくなったのは事実です。

大学に合格し東京に出る前日に「お前はいいなあ。日本一の中野先生から学べるんだから」とそれとなくプライド感を持ち続けるよう送り出していただきました。私も剣道の教師となり、インターハイ初出場となった生徒を連れて先生に稽古をいただきに熊本にいきました。「生徒は小手を横から打っているよ。まっすぐ。まっすぐ」と語られました。

私との稽古の後は「俺の稽古はどうだった。柔らかくなったろ」と同級生のように語られました。答えに困ってしまいました。

決して、威張らず目先のことより、大きなスパンで育てていただきました。ありがたいと感じています。

その後、現在に至るまで、多くのすごい先生に導いてもらっていますが、最も感謝したい先生です。

「どんな有名な先生、テレビに出る先生、日本一の先生より今一緒に一生懸命教えてくれる先生が本当の大事な先生だ」と青森県の元体育課長柴田正人先生が語られました。だからこそ、今も井上先生に天国から教えてもらっている気がします。

ほんのちょっと先を行く先生

川崎順一郎先生は、熊本大学名誉教授、元熊本剣道連盟会長、元全国教育系大学剣道会長など務められました。研究者であって教育者であり、前述の五者の条件を自然に発揮され誰もが慕う先生です。

縁があり大学に合格し先輩になる川崎先生にご挨拶に行きました。最初の問いかけは、「武道とスポーツの違いを行ってみなさい」でした。ううんと唸っていると、「スポーツは戦いで相手の大将の首を取って敵陣にけりこんだことからフットボールが生まれスポーツになった。武道は死ぬ前の戦いだ。こんな風に一言で言えるように勉強してきなさい」とお話しされました。

学生時代、先生が上京された折、寮の私の部屋にも泊まられました。朝食は学生の定番カップヌードルに豪華におにぎりをつけました。おいしいと言ってくださいましたが、今、考えるとパンとコーヒーにすればよかったと悔やんでいます。四年後、卒業論文をもって報告に行くと、「その論文の中身を一言で言ってみろ」でした。「剣道の概念が……」と言いかけると、「お前から概念という言葉が出てくれば合格」と言われ、あとは焼酎で祝杯でした。教師になって本を出す機会に恵まれました。その本には、「正しい剣道」という帯がありました。先生からすぐに葉書が届き「どこが、どうして正しいのか」という厳しい激励文でした。今回の本の原点はここにあるのかもしれません。

いつも一緒にいながら、いつもほんのちょっと先を行く大先生です。

誇り

大学時代は、東京教育大学幡ヶ谷寮で四年間生活をしました。この寮は自治寮でしたが、『金崎のおばちゃん』と呼ばれる寮母さんが食事や郵便物だけは管理しておられました。息子のようにいつも叱られていましたが、閉鎖される（大学がつくばに移転のため）この寮を出るとき、金崎のおばちゃんが部屋の前まで来て『日本一の先生になるんだよ』と手を握って手の甲をポンポン叩きながら涙を流しながらプライドを持った先生を目指すようお話しいただきました。

期を同じくして卒業の折、この寮の先輩にもあたる百鬼（なきり）史訓先生（東京農工大学名誉教授、元東京教育大学・筑波大学教官）にも、これからの剣道に対する向かい合い方、東京高等師範学校から引き継ぐプライド感を熱くご教授いただいたことを忘れません。

それから、四十二年の月日が流れました。

百鬼先生と稽古ができました。いつも「うーん」という評価ですが、今回は「よく溜めて我慢した」と、先生の方から手を握っていただきました。

なぜか、金崎のおばちゃんと百鬼先生の両先生の手の温もりが線で結ばれた感じでした。大きな視野と長いスパンで出来の悪い私を支えていただきましたことに感謝する次第です。

筑波大学の後輩剣友には、引き継いだ【誇り】を更に大きくしていただきたいと願っています。

夢の夢

剣道には修行の段階によって段位制度があります。現在は九段・十段は廃止され、八段位が最高段位です。廃止される前に十段の先生が五人だけおられました。

小川金之助先生、持田盛二先生、中野宗助先生、斎村五郎先生、大麻勇次先生の五人です。

持田先生と大麻先生の映像が残されていますが、全員のお姿を見られるとしたら夢のようです。

そのお稽古が、もし同じ場所で、同じ時に行われたらこれは夢の夢です。

《あの手・この手・奥の手》

良き教師・指導者は、ひとつの方法論をもっています。そして、実践の積み重ねが命です。それをその時代に則して磨き改良して、使い熟しているのです。
そして、あの手、この手を使って、生徒を弟子を導くのです。
更に、どうしようもない状況を奥の手を使って打開するのです。これが教師の技なのです。

ワッショイ

筑波大学と茗溪学園の寒稽古では『ワッショイ・ワッショイ』の掛け声と駆け足で始まります。この掛け声は聖徳太子の時代からあったそうです。一説では、「和を背負う」が「ワッセ」になり「ワッショイ」に変化したと考えられるそうです。皆で連携し合って（励まし合って）行うという意味だと思います。

戦争用語だとして嫌った教師もいましたが、チームとしての意味で受け入れた上で、学年団とか選手団とか、一つの組織集団を（団）で表すことがあります。その組織には皆同じ能力の人ばかりではありません。仕事の遅い人もいます。昨年度没になった議案書を修正もなく、工夫もなく提出してきた教師もいました。また、部活の顧問で合宿の持ち回り担当を十年を経て、自分の番になったら何とか言い訳をつけて逃げようとした教師もいました。そんな中で、早く全体が前進する為に、私は自分一人で仕事をやってしまうことが多くありました。人に任せるより速いからです。あるとき、ラグビー担当の高橋健先生から「ひとりでやってしまわないで、任せてほしい」との注文がありました。後輩教師を育てる意味でも、「任せて」じっと待つことにしました。その結果は、個々の教師の実力をつけることになり、トータルとしてその方が速いことに気付かされました。

また、石川義彦先生（元茗溪学園校長）からは、「年代の仕事をしなさい」とよく話を頂きました。

和を背負うということは、まさにこのことであろうと思うのです。頼まれれば断らず、年齢が高いものは高いものなりの役割があり、若い人は若さと言う特権があり、それを十分に発揮できる「団」であることが大事であり、よくありがちな、ワッショイ教育の始まりなのです。若い先生が一国一城の主になってしまわないよう、高年代の教師が和の雰囲気に運ぶ力が必須です。
四キロ皆泳のように、泳げない人の一番後ろで、泳げる人が立ち泳ぎして待つことで全団が進んでいけるのです。先頭集団はそのうち上手になりスピード全開になるでしょう。少なくとも、自分はエンジンそのものではなく、点火プラグのような機械の一部なのです。このことをいつも自分に言い聞かせなければなりません。
全体が一緒に前進することは個々の実力を付けることになることは明らかです。

あの手・この手・奥の手

剣道の試合で、一戦ごとに選手たちにアドバイスをします。選手たちのコンディション作りの手助けが大事と思っています。負けた者に喚き散らしたりしている監督を見ると、本当に指導者なのか疑いたくなります。「バカ」「帰れ」など聞こえた時には、恥ずかしくなります。私は、前日までに十分に試合の仕方を、話してあるので、むしろ負けた者に対して、一つだけを褒めるようにしています。「それでいいんだ。ただここだけはできていなかった。次はそこだけはしっかりやれ」と話します。団体戦で自分が負けて、チームが勝った時などは効果的です。負けた本人が一番わかっているわけだからです。全中をかけた一回戦、副将の川井良介君が敗けた時、「良かったよ。もっと暴れなさい」と言いました。彼は三年生中心チームの中の一人だけの一年です。負たらどうしようという縛りから解放されたように、その後は大活躍しました。

二つ叱る時は、一つ褒めるのが基本です。こんなことがありました。道場に入ろうとすると、真新しいテニスシューズを履いた二人組が道場内の部室から出て歩いてきました。初めてのテニスの授業で履くシューズを部室内で履いてみたのでしょう。うれしさのあまりそのまま出て道場内を靴で歩いてしまったのです。不運にもその時私と出くわしてしまったのです。大変叱りました。全中出場をかける試合を前にした選手たちです。「試合以前の問題だ。剣道をする資格がない」とばかり二つ分は

叱りました。その日のうちに、手紙を書き、普段の取り組みを安心してみていられること等褒めたうえで、今後に期待していると結びました。次の日からこの生徒たちは、道場の拭き掃除を自ら皆が登校する前に始めました。そして、一週間後、もちろんこの二人の活躍で、全国大会出場も決めてくれました。

さて、疲れていてももう一つパフォーマンスをレベルアップする指導の奥の手を紹介します。私が学生時代の話です。埼玉大学の名誉教授の大保木輝雄先生との稽古で掛かり稽古になりました。長い長い掛かり稽古です。何時になっても終わる気配がありません。面を一本打ち込み振り返ると、先生はさあ来いと面を開けて待っています。「まだかよ」そんな小声が出そうでした。ふらふらと目先が暗くなる感じがして倒れそうになりました。その時です。大保木先生は私にツカツカと近寄り、グーでパコーンと一発、左面を殴られました。そして、私の面の中を覗き込むようにして、「お前に期待しているんだ」と話されました。私は、なぜか涙が溢れ、体が自然に元気よく動き出しました。期待されていることを肌で感じることが一番の励みなのでしょうか。限界状態でももう一絞りする時、私も指導者になって使う奥の手です。

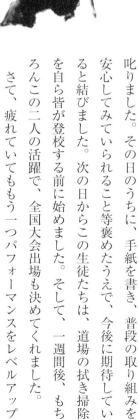

先輩教師の実践を盗む

教師の実力は指導方法をもっているかどうかで、決定すると思います。二十代のころ、初めて担任を持ったころ、学年主任の小出涌三先生のクラスでは、学級日誌のほかに大学ノートがあり、日直が論文のように一ページを埋めて持ってくるのです。自分もやってみようと試みたのですが、なんと毎日一行だけで、学年主任のクラスのようにはうまくいきませんでした。四年目あたりから、大学ノートの一ページが埋まりました。取り組む意味を説明したり、その内容を朝のショートホームルームで書いた人を讃えながら話題にしたりして、やっと、生徒が積極的になってきました。つまり、その結果には過程がありそれを無視しては達成されないことを学びました。

そして得た指導法は常に修正し進化しなければなりません。例えば面をつける授業で、図に書いて説明しても上手くいきません。そんな時、土浦日大高校の大祢正伸先生から、初心者の剣道授業で面の紐を結ぶ時は二人組でつけてあげるのが良いと教えていただきました。面をつけてあげることで頭の後ろのイメージ化ができ、二時間目からは、自分でトライできるとのことでした。それ以来ずっとその方法を使っています。その、指導方法の修正について鈴木邦弘先生（取手教育委員会）が小学校教諭時代に、学年末に自分用の通知表を作り、クラス児童全員から通知表を貰って反省し、次学年の為に生かしたという話を聞きました。受け側がどう思っているかが大事で、それを知るための一実践方法として感銘を置けた次第です。

他に先輩教師から学んだ指導実践を紹介します。寮で勤務をすることになりました。一フロア二十名の中学男子の親代わりとして一緒に生活します。入寮当時から盗難事故が六件ありました。決められた時間に勉強しようとせず、一年生に見張りを立てさせ、居室で寝ている上級生がいました。私がフロアに入ろうとすると、合図が送られ、居室から学習室に出てきて机に座り勉強する真似をするのです。また、一年生には締め会なるものが存在し虐め問題に発展したケースも以前には毎年あったようです。その寮で平常に戻す方法として、まず行ったことは、誕生会でした。今まで家族団らんの中で行われていた誕生会は、親子として、寮でもあったらいいと思うだろうと考えたからです。そこで、自分の名前の由来を語らせることにしました。この方法は、体育科の石川ひろ子先生が保健の家族計画の動機づけとして最初に行っていた方法です。この方法で、愛されている認識を確認させました。自分のあるとき盗難事故が発生したとき、親の思いを語り、取られた側の親の気持ちも話しました。自分の名前に恥じることの無いよう、元のクリアーな状態になるために、まずお金を戻そうと「良心箱」を設置し訴えました。三日後にお金は戻ってきました。「良心箱」設置したから戻るわけではなく、最初の小出先生の大学ノートと同じように、過程の取り組みがあって、盗難対策の一方法論となります。こうして盗難はなくなり、上級生と下級生の日本的なダサい関係は少しずつ崩れていきました。

「良心箱」を置く方法だけを後輩教師が真似をしますが、その前の語り掛けが大事で、犯人が「返したほうが良い、返さなきゃ」と思わせる語りが不可欠なのです。

過程を吟味し、反省し、工夫し、独自の指導方法を築くことが、教師の実力を決定するのです。

心を掴む

自分とは違った職種の人や、違った価値基準を持つの人からも信頼される人間であること、これは魅力ある教師の一つの指標ではないだろうかと考えるのです。私には、一つ自慢があります。学校の近くに、安い居酒屋がありました。学園都市は万国博覧会前で、トラックがビュンビュン走る時でした。そんなトラックの運ちゃんが集まる店でした。最初は、『先生よ、おれはセンコウがきれえなんだよ』といった具合です。それが、半年もすると、『先生よ、おれはよ、先生とこの生徒によ、煙草すうんじゃねえよって生徒指導つうやつ、やっといたかんな』なんて具合になりました。一九八五年にメキシコに派遣されることになったのですが、このときこのトラックの運ちゃんだけで送別会をやってもらいました。これが、私の自慢話ですが、地域のなかの教師にならなくてはいけないと考えます。自分に魅力があったとは言いませんが、違う職種のなかで、一応信用してもらったと自負しています。

話は兵庫にとびますが、中川一穂先生という高校の剣道の先生がいらっしゃいます。赴任されたところが荒れた学校で、保健の授業で『やってらんねえよ』とみんなソッポむいています。中川先生はとっさに、日本地図を黒板いっぱいにかいて、一般的に言われる反社会的集団の組織を構成員の人数まで書いてその関係までを説明しだしました。するとみんな目がイキイキするどころか背筋までのばしたそうです。最後五分ちょっと教科書を読もうと呼び掛けたらみんな声を出して読んだそうです。まず心を掴むことです。

見抜くという力

高畠導宏氏はプロ野球の打撃コーチとして三十年間選手の指導にあたりました。七つの球団を渡り歩き、三十人以上ものタイトルホルダーを育て上げました。五十代最後には教員免許も取り教壇に立ち「甲子園」をも目指しました。選手の育成に長け、また生徒の心をグッとつかみ離さなかったといわれる高畠氏が伸びる人物の共通点が七つあると言っています。それは、①素直であること、②好奇心旺盛であること、③我慢強く、あきらめないこと、④準備を怠らないこと、⑤几帳面であること、⑥気配りができること、⑦夢を持ち目標を高く設定できること、この七つです『甲子園への遺言』（門田隆将著・講談社）。指導者として、よく見て分析して選手を見抜いている証拠です。

さて、スポーツの指導者だけでなく、教師も見抜く力が必要です。教師は、かっこいい仕事ばかりではないかもしれません。たとえば、生徒指導という立場から見ると、問題が生じた時に、上手く処理することも大事ですが、起こる前に、問題を起こしそうな生徒に事前に話し掛けて問題がおこらないようにするのがいい教師とされます。

現代文の形象読みを提唱し、『核のある教育』等を著した東大教授であった大西忠治氏が当時私達の学校の中学部長だった時の言葉です。「良い教師の仕事とは、華やかではなく泥臭い人間臭い仕事なのです」とも言われました。

また、私が新任で高校教師になった時、学年主任兼高校部長をしていた小出湧三氏（『起床ラッパをふけ』『人間関係の構図』などの著者）に、生徒を見抜くという点で、「十八年の経験で得た感覚を、君は一発でやってしまう。剣道とはそんなにすごいのか」と言われました。剣道の先生達は、不思議と多くの教え子の剣道着を着た後ろ姿で誰だか分かるのです。また、ある程度は顔つき・目つき・しぐさで何を考えているか分かるものです。これは、まさに見抜く力が必要な剣道の稽古で培われたものです。このことについて茨城県のスクールカウンセラーの故岩瀬勇氏は相手を見抜くという観点からは、剣道教師が一番カウンセラーにむいていると言っていますがこうした理由からと推察できます。

その力をつけるのに大事なことは、いつも見ていることだと思います。目を横に向けたらいやがっている、下に向けるとつまらないと考えている、目を上にむけたら納得できない、目を細めたら話したい、などと自分が感じることで自然と身につくものでしょう。

さて、話がちょっとずずれますが、中体連の剣道大会会場に多くの校長先生が視察で来場されます。その校長先生は、九割近くが試合会場の中まで、上履きか運動靴です。生徒が裸足、審判の先生が靴下だけなのに、此処がどういう空間なのか気づかないのでしょうか。残念です。

「井の中の蛙、大海を知らず」、そんな目線で、生徒を見ているから靴をぬげないのでしょうか。でも歌は続くのです。「されど空（天）の青き（高さ）を知る」（荘子―秋水）。競い合う中学生にも校長にはない何かをもっているのです。教育の長たる人が空間を見抜けていないのです。しかし、そこをきちんとされている校長には、こちらから自然と頭が下がります。蛙は私でしょうか、校長先生でしょうか。

力量を知る

剣道の形は、先生役の打太刀の技を弟子役の仕太刀が制して技を出します。その技を師に寸止めします。師は、どれくらい近くで止めれるかで修業の過程・段階、そして力量を見抜いたそうです。

私が、二十代のころ、大学同期の山下照喜先生の赴任先である熊本の荒尾高校を訪ねた時のことです。稽古までの時間を体育の教員室で待つことになりました。女性の先生からお茶が出されました。「すいません。頂きます」と会釈をして茶碗を手にしました。先輩先生の目線を感じました。山下先生のホームルームが終わり、道場に移動することになりました。私は、急いで茶碗を洗面台で洗い、「ご馳走様でした。稽古させていただきます」と言って体育教員室を出ました。さて、稽古が終わって一旦教員室に戻ると、なぜか十人ほどの先生が待っておられました。美術科や社会科の先生も混ざっています。これから夕食会をするとのことで、ご一緒することになりました。そこで、お聞きしたことは、「今まで頂きますと言ってお茶を飲んだ人もめずらしい。まして、茶碗を洗った人は、あなただけだ。あんたも鍛われとるね」でした。鍛練している人は当然そういうことができるものだという判断基準の人がいることもその時に知りました。小学校の校長先生が、「教室を去る時、椅子を机の下に入れて帰る子は、整理整頓できる子です」との話を聞いたことがあります。色々な場面と行為で実力を知れるものだと感じました。正座している姿で剣技の力量が分かるのも理解できることです。

啐啄同時

この意味は、雛鳥が外へ出たいと殻をつつくときに、親鳥がそこをくちばしでつつき殻を割り、雛鳥を外に出すという意味です。

中学生の公式戦を終え、高校入学までに半年があります。中高一貫の学校ならではことです。補欠として、ベンチを温め続けた横山君は、高校でもレギュラー入りはできないかもしれないと半分は剣道を続けるかやめるかを悩み、半分はそうした自分を変える良い方法がないかと悩んでいたようです。私は、ぺらぺらと剣道雑誌の上段のところを眺めていた横山君を見つけ「上段をやってみる？」と声をかけました。数日後、やりたいとのことで上段の練習が始まりました。彼は自分の殻を破り、見違えたように意欲的に取り組み始めました。朝、早く道場に行くと、彼は鏡の前に打ち込み台を置き、何度も面打ちをしていました。私は、「相手がまばたきした瞬間に面が打てたらレギュラーだね」とだけ言っただけですが、何と二年後には八割の勝率で中堅のポジションを獲得しました。そして、県の個人戦でベストエイトまで進みました。

最初から、強く叩かず、小さいコツコツのつつきにコツコツと反応してくる音をよく聞いて、大きなコツコツ反応を感じた時に割れるように叩いてあげることです。

その反応とは、剣道ノートの感想文や何気ない会話からも感じることができるものです。

自分にも間違いがある

苛め問題が深刻化しています。苛めている側も、苛めている認識がない場合も多く、嫌だから関わらないようにしようとするとシカトされたとか、噂しただけで悪口を言われたと虐めだと報告されたりすることもあります。悪いことはしていないという意識の交錯する中で、教師は虐めとして指導しなければならない時があります。大変難しい問題です。

私は悪いことはしていないという生徒に、次の逸話を話します。

【禅僧のグループが先生と一緒に修行をしようということになりました。先生が『今日はろうそくを囲んでしゃべらず座禅を組もう』言い、みんなが座りました。しばらくして、隙間風が入りろうそくの炎が揺れました。一僧が『あっ、ろうそくが消えそうだ』と言いました。二僧が『しゃべったらだめだろう』と一僧に言いました。三僧がおもむろに『結局、しゃべらなかったのはおれだけだな』と言いながら先生をみると、先生は黙って目を閉じて座っていました。弟子たちは、はっとして自分たちが全員間違っていたと気づいたのです。】『マンガ禅の思想』蔡志忠作画・講談社より

部分的には正しいのですが、全体としては間違いであることがよくあります。この話を聞いて、そこでなぜそうなったのか。自分の行動は、本当に間違いはなかったのかと考えるようになります。

考えさせることが、まず大事な初歩指導です。

適材適所

その人の能力や性質に当てはまる地位や任務を当てはめることを適材適所と言います（新明解四字熟語辞典）。薬師寺宮大工棟梁の西岡常一氏は『木に学べ』（小学館文庫）でこのようなことを言っています。「木は嘘をつかない。曲がったら何年も曲がったままでいる。それは、その木の癖であり、その癖を見抜いて一番適したところに使うのが大工の業だ」と。実際、法隆寺ができてから千二百八十年たって解体したところ、四隅の隅木がスーッと立っていて、千三百年前に作ったままであったそうです。ところが、鎌倉時代の大工はその木のクセを知らず、ケヤキで修理をしてしまい、その場所はそっくりかえってしまったそうです。

さて、千年以上の大木でなくとも、我々の家にも木の特長を生かして使用されています。木の年輪の中心は、その木の中心から北側寄りに位置しています。その北側の年輪の幅はギュッと凝縮し、寒い北風にしっかり耐えたかのように硬くしまっています。南側は一輪一輪の幅が広くすくすくと日に向かって育ったことが伺えます。さて、南側は削られて壁などの板に使われるといいます。北側はギュッと締まったところを角材にされ家の柱として使われるのです。このように、試合のポジション作りに留まらず、主将やマネージャーの配置などの組織づくりも適材適所を考えて行うことが、教師の大事な仕事なのです。

先輩・後輩 Give & take

剣道の場で、先生と稽古するとき「稽古を頂く」と言います。向上の為に指導を頂いたので、その場でできるお礼として先生の剣道具の後始末をさせて頂いたりします。その最中に幸運にも極意の話を頂くこともあります。このような師弟のあり方は、同権のこの時代でも当たり前のことです。先生そのものが、「ギブ」であるから、私達もお礼の「ギブ」のお返しをするのです。片方から見れば、ギブアンドテイクなのです。

特に剣道の場では、先輩と後輩の関係も切っても切れない関係ですので、「ギブ」と「テイク」の観点で先輩と後輩の関係を見てみましょう。

今まで、支配的な先輩と後輩の関係は伝統から Give & take の関係はほぼなかったといって過言ではありません。事実、後輩に対する締め会なる虐めに似た威圧における強制が問題となったことがありました。こうした縦の関係は、一方的な「ギブ」あるいは、一方的な「テイク」で、Give & take の関係は成立していませんでした。イギリスのパブリックスクールが寮対寮のラグビーリーグ戦を行うようになり、先輩が後輩を戦力の維持として守る立場に変化していったように、私たちも何かの方法で変化しなければなりません。

その方法の一つが、Give & take の関係です。そのギブは、先輩（強者）が後輩（弱者）にお裾分けという形で技術や財を贈与する関係から始まります。だから強者が試合に出掛けて行く時には、弱者側から応援しようという熱気が自発的に沸き上がるのです。

先輩にとってギブは勉強の質問に答えてあげたり、悩みを聞いてあげたり、生活上のトラブルの解決方法を教えてあげることであったりします。テイクは後輩のゴミを回収してゴミ袋に入れることであったり、家から届いたお菓子を少しお裾分けしてくれることかもしれません。

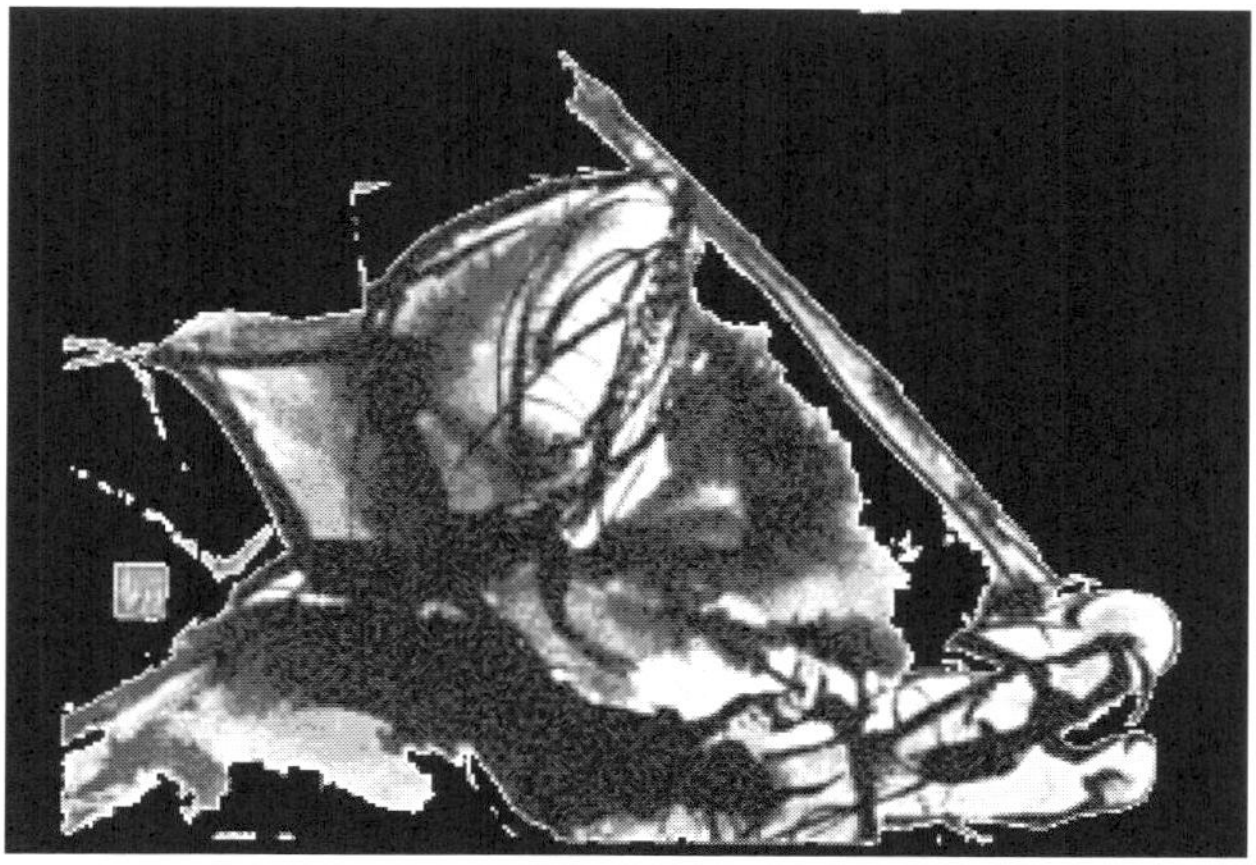

これからの人間関係のスキルワークは、上級生だけが、あるいは技術が優れている者だけが優遇されるのではなく、Give & take の関係が必要なことを忘れてはなりません。

私が東京教育大学に入学が決まった時、母が同郷の剣道部の先輩宅に菓子折りを持ってご挨拶に伺った時、「これは受け取れません。私は先輩からしてもらったありがたいことを精いっぱいしてあげるつもりです。そのことを次に後輩に返してください。そうすれば、時代を超えて後輩がたくさんできます」と言われて、母は感激して帰宅しました。このように、先輩が後輩に指導し、その次は教えられた後輩が次の新人に教えていくといった順次指導的な社会関係を典型としたいのです。

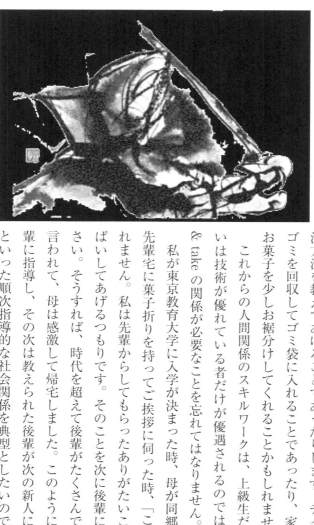

剣道は剣道

一九八五年、人物交流派遣でメキシコの剣道を指導する大役が回ってきました。剣道はスポーツか武道かと論議が盛んな時代です。最初の稽古場はオリンピックセンターのボクシング場です。ミルマスカラスさん（プロレスラー）やペドロさん（具志堅さんの連覇を阻んだ人）などが稽古するところで、サンドバッグをぬいながら剣道をするのです。前日、「先生の剣道はスポーツか武道か？」と聞いてきたカルロスさんとの稽古です。二メートル弱の大きな人でしたので捌いて横から体当たりしたら倒れてしまいました。ここぞとばかり組み打ち（取っ組み合い）に持ち込みました。ふと気づくと十数人から取り囲まれていました。なんだかきな臭い雰囲気です。昨日の質問の答えを稽古で示そうとしたのですが、うまくいきません。そこで、ネーミングをつけて短く四回に区切って稽古をしました。①スポーツ剣道として少し動きながらフェイント使って打ちました。②は武道の心を持った剣道として、動かず攻めを強くして突き面と打ちました。③は武道の心を持ったスポーツ剣道とし、④に私の剣道として、しっかりと構えせめてカルロスさんが打って来ようとするところを出ばなメンを打ちました。四回ともほぼ変わらず、動きと斜めの技を混ぜながら打って出ただけです。横で見ている人が、第三者的に学問としてスポーツあるいは武道と言っているだけで、実際やっていることは、自分の剣道一つのみでした。そのことを言いたかったのです。何とか理解してもらったようでした。

鍋競争

学生寮や野外学習の集団生活、部活動の合宿等、集団で生活する場面は多く存在します。この生活がうまく機能すれば、多くのことを学び、力をつけることは必至です。

さて、現代の子は競うことが大好きです。剣道部の子供たちも試合となると目が輝きます。そんなことで「競争意識」を寮指導に生かした実践を紹介します。

私の指導するフロアは整理整頓がうまくいかず、全体が雑然として、物が散乱している状態でした。そこで、「鍋料理」を食べたいか聞くと、みんな「是非」と言うことでした。そこで、部屋単位の「整頓競争」をすることを提案しました。毎日、抜き打ちの時間で五点満点採点し、一週間行うことにしました。机に物を置かない。床に物を置かない。学習室にゴミがない。それが採点基準で減点法です。優勝は、もちろん豪華鍋料理としました。優勝するためには、部屋の全員がきれいに整頓しなければなりません。上級生自らが一年生のゴミをゴミ箱に捨てたりする光景も見られました。整頓の下手な一年生は自分の責任で先輩の鍋料理が夢と終らぬよういつもより綺麗にしだしました。優勝鍋も豪華にし、次の一週間で二回戦を始めました。結果は二週間で全体が綺麗になりました。部屋単位の人間関係が上級生の支配的人間関係から協力関係に変化し育ち始めた事と、整頓された環境作りの一石二鳥の取り組みでした。そうした環境から得られる二次的なことも考えれば一石三鳥かもしれません。

この取組は、イギリスのパブリックスクールの寮対寮のラグビーリーグ戦対決から、選手を長期間維持するために上級生の支配的寮から協力の寮へ変化していった歴史からヒントを得たものです。先ず、個々が生活する中にはチームもライバルも誰かに勝つという意識がないのも当然です。そこで全員が望む「正の賞」を提示し勝ち取りたい意識を作らせます。罰という「負の賞」は禁物です。そして、チームを作ります。

蛇足になりますが、チームについての認識が必要です。米国においては、部活動のような学校で施設と費用を援助されたいわゆる体育会の部をVarsity team（バーシティチーム）と言い、自由にその時のメンバーで運営し活動していく同好会のような組織をClub team（クラブチーム）と言っています。単に「チーム」と言うと部の意であり、「クラブ」はサークルのようなものを指していきます。チームワークは、目的意識に強く裏打ちされ、生産性の向上を目指す人間関係です。それは共同する関係ですが、あくまでライバルチームに勝つための目的のための共同がその基本です。

と言うことで、部屋チームができ、共同協力して、ライバルの他の部屋勝ち、豪華鍋料理を手にするぞという意識ができ試合が始まったのです。

先輩は先輩らしく振る舞う、部屋長は部屋長の役割を、一年生週番はその役割を遂行することを課せられます。そのためチームワークは人を鍛えていくのです。

人間関係が円滑になれば、その集団の中で、チームの組み替えもスムーズであり、チームスキルが上達していくのが興味深い所です。

手順の大事

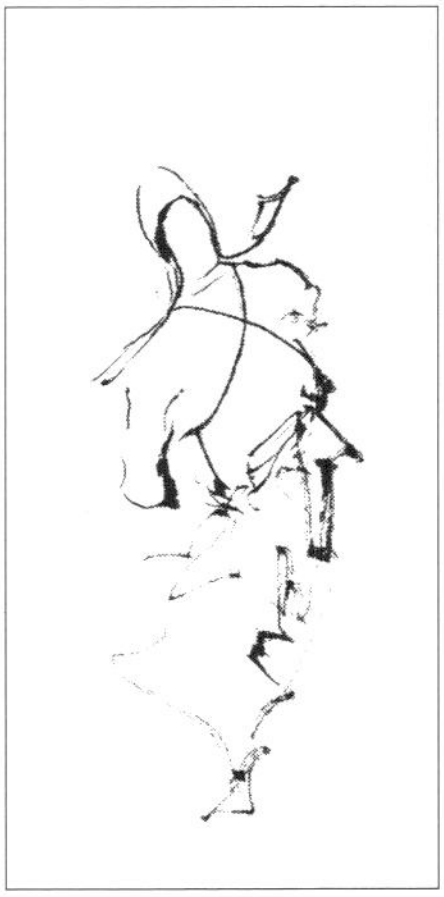

物事を完成させるのには、手順が大事です。真面（面の中心）を打つためにはそのコースを開ける攻めが必要です。面を打つ為の手順です。また、家を建てる時は土台をしっかりする手順を踏まなければ、完成まじかですべてが台無しになったりします。ここでは、私の剣道墨絵の手順を説明しましょう。筆は基本的に細筆一本で、濃淡をつけるとき、紙の大きさで筆を変えます。出来上がりまでの時間ですが、全紙の大きさで早くて三日かかります。乾くのを待たないと次に進めないからです。ですから、三作くらいを一緒に書いたりします。濡れているとき、違うものを書き、乾くころに最初の作品に戻ります。先ず、大体の全体構想を立てます。たとえば、右上の絵のようにやや右に出小手を打った絵を書き、空いたスペースに一生一事一貫とかこうという構想で描きます。

面のラインにこだわりがあり、ここで次に行くか、行かないか決めます。最初が大事です。失敗したまま、何とかなると進んで、二進も三進もいかなくなるからです。その場で逆戻りしたほうが良いことが多いのです。随分進んだ段階であきらめ、また同じことを最初の段階から運ぶのは相当な精神力が必要だからです。

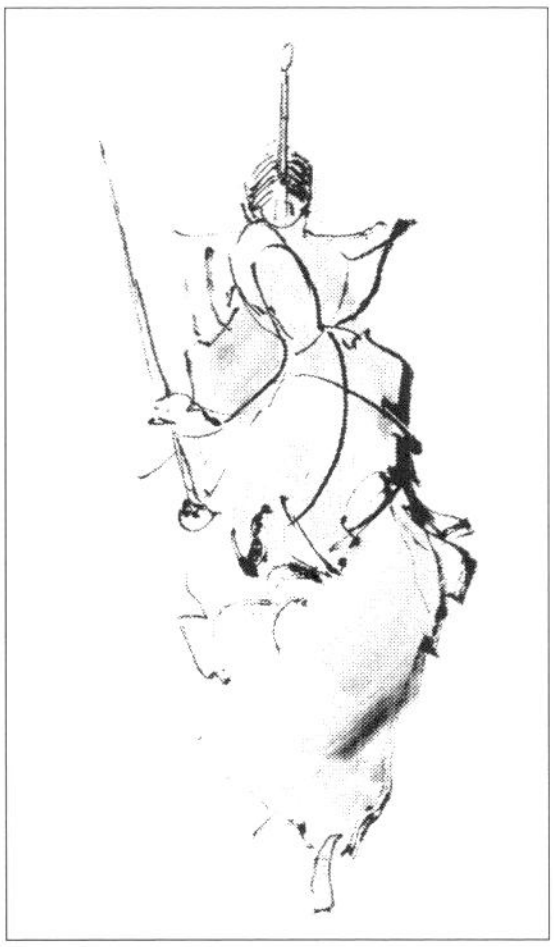

線が太すぎたり、説明的に書き過ぎても失敗です。

さて、その奥に敵を書きます。遠近法では見えないかもしれません。しかし、この敵がいないと、どんな場面にも見えてしまいます。現実、今にも立ち上がろうとする絵を高崎先生にプレゼントしたとき、高崎先生は、「試合を終えて座るところだね」とおっしゃいました。その人の心が映るのです。剣道経験者の方には、技の中に喜びや願い、そして夢があるから、場面を限定し、技を限定する必要があるわけです。

さて、ここから濃淡をつけていきます。濃さによって奥行を表現しようとするのですが、早く仕上げようと焦ったり、我慢が足りないと真っ黒になります。剣道でも同じで、我慢が大切です。

早く勝ちたい、この孤独から早く脱したいと打って出るとやられてしまいます。どんな場面でも機械・チャンスにそれをして成功すると思います。

勝とうとすることが負けるリスクを伴うのです。そのにじみの墨と水の配分量は、説明しようがありません。剣道の稽古のように何度も失敗し、体得するしかありません。

三のCの話をしましたが、Ｃｏｎｆｉｄｅｎｓｅ／Ｃｏｎｓｅｎｔｏｒａｔｉｏｎ／Ｃｏｌｌｎｅｓｓです。ここで最も近いのが冷静さではないでしょうか。

剣道も書も勢いは大切です。勢いの表現を面紐の揺れで表します。本来であれば左に面紐が揺らぐはずです。勢いを表すのに逆の白地に飛ばします。勢いが表

現できるからです。遊びです。余談ですが、紐は十四本ありますが、結ぶという大きな日本文化だと思います。さて、どうして、右に書くようになったかですが、その面紐を、最初は写真など見て忠実に面紐を左へと書いていました。しかし、何度も描くうちに、全体の完成には右でも左でも意味を持たなくなるのです。その時が、自分を超えた時なのです。自分を越えることが大事です。大事としていたことが、大事で有りながら、さほど意味をもたなくなり、次に大事なものを自分で作り出した時に、自分を越えたことになるのだと感じます。
油絵はその段階段階で上限があります。その際、上限で筆を置くのだそうです。そのクルーの一番上で止める、それがいい絵なのです。小学生で素晴らしい絵がありますが、その上限で筆が止まっているからです。プロの方の絵で、何回も何回も色が重なり、悩みの跡が見えて、そして上限で止まっている絵は私たち素人にも感動を与えてくれます。

さて次に進みます。
最後に字を入れます。もちろんこのままでいいのですが、空間を占めるためです。今回は、スペースがないので当初の計画を変更して「無」と入れてみます。書の先生は、書は「空間の白地」で書くと言われます。バランスが大事なのであり、その中の勢いでり、重みであり、静かさの調和です。最後に印を押します。感冒印・引首印・落款印・姓名印・遊印です。

絵は飾って絵です。その壁と一体になって絵です。図書館で油絵の名画の本を開いてみると、必ず一か所白く抜けてるところがあります。そこから、絵の持つ気が流れて、宇宙と一体になるのだそうです。こうなりえるのが名画です（宇宙に繋げる参照）。

剣道で必要な精神性を、絵を書きながら、学んでいるような心持です。武蔵の心境は、もっと不動の強さ得たかったたか、自分の心を自分で操りたかったか、何もしないでいることに不安があったか、心の隅にある劣等感を克服したかったか、理解できませんが、自分の剣を不動のものにしたく芸から学ぼうとしたのではないかと推察します。

（完成したものを『地球家族として』の冒頭に載せてあります）

パワーフレーズ

アメリカ大リーガーの野茂英雄選手が世界最強打線にリベンジし、二勝をし、日米合計二百勝目前であったころの話です。野茂選手は前年のオフに自由契約選手となり、「もうだめかな」と悩みながら日本に帰ってきたそうです。それを知った、日本時代の仰木監督が一言だけ野茂選手に言ったのだそうです。その一言で野茂選手はまた蘇ったのだそうです。

その言葉とは『イチローが言っていたよ。私がどんな大記録をつくろうが、野茂さんだけは越せません。パイオニアの記録は』です。野茂選手は、寡黙で表情にあまり出しませんが、このときばかりは喜びを顔に表したそうです。そして、新球団デビルレイズではどうしても背番号11を要求したそうです。日本時代からの背番号11です。アメリカ大リーグでも背番号11の時は大活躍しています。そして、背番号11はヤンキースの松井秀喜選手を三振にとり復活したのです（雑誌『ＰＨＰ』より）。自分の発する一言は人に力を与え、あるいは人を傷つけたりもします。一言を大切にし、そして自分の一言に責任をもって、生きるべきなのです。

部活動の生徒にもうひとつがんばってほしい時、「先生がほめてたよ」と親から言ってもらうようにします。仰木監督のように、人伝に褒めらたことを知ると、力がわき出てくるのです。もしかしたら、仰木監督は、イチロー選手を使った自分のことばだったかもしれません。

《地球家族として》

二〇一七年四月、米航空宇宙局（ＮＡＳＡ）が土星の衛星エンケラドスの表面から水素分子を検出したとは発表しました。このことは、生物が住める環境が存在し、地球外生物がいる可能性を示しました。

その意味することは、地球内生物つまり人間が、一つの塊であり、家族なのであるということです。

宇宙に繋げる

二〇〇六年に、宇宙ステーションが完成し、教え子の星出さんがロボットアームでの仕事をしました。私も「宇宙」について強い関心がありました。それは、大阪の作道正夫先生（大阪体育大学名誉教授）から「構えた剣先が宇宙につながっていなければ、本当の構えではない」と言われました。又、同様に、墨絵の師匠の日仏美術展大賞受賞者の古山浩一画伯も、「壁にかけた絵が宇宙という空間に広がらねば名画ではないし、名画は背景のどこかが白く抜けていて、そこから、宇宙につながっているものです」と言われました。期せずして両先生から「宇宙」という言葉を聞いたからです。幸運にも、実際に宇宙を体験された、毛利さんの講演の機会を得ました。その折り、「『顕微鏡で覗き研究している時、ふと顔をあげると宇宙船の窓に地球があった。小さいものを求めることも、大宇宙に生きることと感じた』と、【ある帰還】という番組で毛利さんは述べておられますが、宇宙で生きること、宇宙とつながるとは何ですか」と質問してみました。毛利さんの答えは、「地球を写真で撮ると、川がまるで血管のように写る。地球そのものが一個の生命体のように映り我が体なのだと思いました。時がつながって、命がつながって、生きることがつながってあること、それが宇宙だと思います」と話してくださいました。大変難しい内容ですが、私たち一人ひとりが地球細胞であり、活き活きとして、全体として一体となることが、絵も、構えも、一人の人間そのものも宇宙へ繋がることなのでしょう。

人間は豆粒

「ロングトライアル」という映画があります。ロバート・レッドフォードとニック・ノルティーが老人役で三千五百キロを徒歩旅行しながら、人生を見直すという映画です。二人は、崖に落ちてしまいます。ビバークしながらロバートレッドフォードが星を見ながら言うのです。「星は肉眼では二千個までしか見えない。一番近いケンタウルスのα星でも四・五光年ある。一光年が九兆四千六百億キロメートルだから、四十二兆五千七百億キロだ。銀河系でも千億個はある。果てしない数だ。それから考えれば人間は豆粒だな」と。

これは映画のセリフですが、ちなみにネットで調べてみると、宇宙には二千億個の銀河があり、それぞれの銀河に二千億個ぐらいは恒星があるといわれています。ですから二千億×二千億個で少なくとも四百垓個ぐらいはあります。恒星のように光っていない星も入れるともっと多くなるわけです。実際は宇宙の外もあるはずですから、計算しようがありません。そう考えると人間ってみんな大差ないですよね。しかし、心だけは無限に大きくありたいですよね。

国際人

朝テレビをつけると、ヨーロッパ各国、アメリカ、北朝鮮と世界のニュースが飛び込んできます。そして、今や自分の考えや能力が世界に発信される時代になりました。そして、国際人という言葉をよく耳にするようになりました。「国際人」とは、「異質な文化基盤において、他を許容できる心を持っている人で、差別なく対等に付き合える人」と考えています。海外に出たときには、国際人として活躍するために必要な資質とは何かということを感じ取り、身に付け、さらには自分の生き方までも考えるチャンスがあります。

「近親関係からは、好意（あるいは心尽くし、親切）というものは、除き去ることはできても、本当の友情からは、これを取り除くことは出来ない」と哲学者キケロは言っています。新たな出会いと友情が始まることは必至です。大切なことは、この親切な心をもつことです。言葉が通じない時、物を示すことや紙に絵を書くこと、一生懸命に話を聞くこと、これも心づくしです。ある時は、はっきり「ノー」と言うことも、相手に誤解させない友情であると認識しなければなりません。日本人としての好意・その国の人の親切を、互いに理解しあって友情は生まれるものです。だからこそ、日本人とは何か、と考え問い直す良い機会になるのです。さらに、人間が造った壮大な建物や数々の歴史的遺産が、「人間って何てすごいんだろう」と思わせてくれます。そして今までの考えを更に発展させてくれることでしょう。

皆さん、やってますよ

日本人を外国人がどう見ているかをよく表現している話があります。英字新聞でタイタニックの映画を利用した小話が載ったそうです。タイタニック号が沈む直前のことです。海に飛び込まない乗客に向かって、船長が叫ぶのです。「イギリス人の皆様、飛び込むのが伝統ですよ」と。するとイギリス人がドボドボと飛び込みます。次に「ドイツ人の皆様、飛び込むのがルールですよ」と。同様に飛び込みます。「アメリカ人の皆様、飛び込むとヒーローになれますよ」。そして、最後に日本人に叫びます。「日本人の皆様、みなさんやってますよ」と。あるある話に出てきそうです。『淑として凛』（伊藤隆吉著・島津書房）

同じような話があります。イギリス在住のある日本人作家がラジオで話していました。日本から来た若者が地べたに座るのを見るそうです。確かに最近、コンビニの前で、街角で座り込んで話したり物を食べたりしている光景を目にします。若者の流行のように。イギリス人はその地に座り込んだ若者を見て、日本人は、立てないくらいお腹がすいているのだとかわいそうに思うのだそうです。その地において日本人としてプライドをもって仕事をしておられる方には本当に残念な事でしょう。

昨今、日本人は、メディアに左右され、周りを気にし、相対的なことのみで判断し、常識の取り違いをしているのではないでしょうか。しっかりしようよ日本人。

世界の怖い道具

私の教師生活の中でお付き合いさせていただいたネイティブの英語教師は、イギリス、オーストラリア、アメリカ、カナダ、メキシコ・アフガニスタンなど数多くいらっしゃいました。個人的にはそれぞれ性格も違うし、日本での目的意識も違う人達でした。しかし、日本と母国の違いについてよく分析されており、「私の国は」と全体視して答えることのできる先生たちでした。

ガレスロバーツ先生は、イギリス出身でした。帰国して十年の後、私がパリの世界選手権の後、イギリスのアトランティックカレッジで東洋哲学の授業の中で剣道について話すとき、カーディフまで駆けつけてくれました。さて、ガレス先生が在職中に生徒にすごく怒ったことがありました。寮生の一人がパチンコ（三又の木にゴムをつけて玉をとばす遊び）で人を狙ったのです。私は小さい時、楠の木の実を玉にして良く遊んだので、遊び道具のイメージしかなかったのですが、外国では伝統的な強力武器なのだそうです。ガレス先生は、どんな危険なことか、人を傷つける行為なのかを教えるために、ラグビーをされたので、春先のまだ寒い朝、その生徒と走り、プール（防火用に貯水してあった）で泳ぎながら、その行為について語りかけをしていました。

アメリカでは（どこの国でもそうだが）おもちゃのピストルでも銃口を人に向けてはいけません。あるとき、日本人旅行者が警察官からパスポート（免許証）の提示を求められ、取り出そうとスーツの左胸のポケットに手を入れた瞬間に銃で撃たれてしまったことがありました。

また、私の体験で、エリザベス女王が来日された折、国技披露がありました。数十メートル離れた位置で剣道の素振りをするのでも、剣先を女王に向けることはできませんでした。こんなことから『世界では、人を危める行為、本意でなくとも同様のしぐさも許されないのだ』と学んだ次第です。

日本の武器の刀を取り上げても、世界には、青竜刀やサーベル等沢山あります。操作方法はそれぞれですが、日本刀は唯一両手で操作します。その武器ひとつ使用方法、操作方法を間違えば取り返しがつかなくなることだけは心にとどめておかなければなりません。

現代社会において、一番怖い道具は、核と言われています。地球人の約束として、この武器は使ってはいけません。

しかし、もっともっと怖い道具は、私達の心の中にあると述べてきた通りです。

大和魂

話しは宇宙から地球・国際世界、そして日本となります。『大和魂』、この字を見て、一番先に私の頭に浮かんだものは、鉄棒の技の「ヤマトダマシイ」でした。鉄棒の上から手を離して後ろ向きに倒れ降り着地するもので最初は勇気がいるものです。そこで、辞書を引いてみると、〔日本固有の知恵・才覚または思慮分別を言い、また、日本固有の気概あるいは精神を言う。朝日ににおう山桜花にたとえられ、戦場にして果敢で、事にあたっては、身命も惜しまないなどの心情を言う。「やまとぎも」とか、「やまとだま」と同様に、天皇制における国粋主義思想の、なかんずく軍国主義のもとで宣伝された。〕とあります。また、「大和心」も、江戸時代から、やさしく、やわらいだ心を言ったのですが、「石上稿」の本居宣長の歌がきっかけで最初は、優美で至純な民族性を歌ったものですが、後に花の散る潔さの解釈が強調され大和魂と結びついていったのです。

さて、海外に出ることが多くなりましたが、まず大事な心持として、日本人であるという自信と意識が必要だと思うのです。その日本人の心「大和魂」は、勇気や潔さが前面に出ていますが、その根底にある、やさしく、和らいでいる心です。すなわち、優美で至純な民族であることの意がある「ヤマトゴコロ」と読む方を忘れてはいけません。

それが、東京オリンピックの「おもてなしの心」の原点ではないでしょうか。その心があるからこそ、どの国においても日本人は尊敬されているのです。

袖振り合うも多生の縁

袖振り合うも多生の縁と言う言葉は、見知らぬ人とたまたま道で袖をすり合わせるというのも、前世からの深い因縁によるものであるという意味です。人と人との関係は単なる偶然によって生ずるわけではないので、大切にしなくてはならないという仏教的な考え方です。「袖振り合う」は「すり合う」ともいい、さらに「袖の振り合わせも……」ということもあるようです。「多生の縁」は「他生の縁」とも書くようです。《成語林》ずっと「袖すり合うも他生の縁」だと思っていたので、解説を読むと「すり合う」も「他生」も間違いではないとのことですので一安心しましたが、一般的な用法ではなかったようです。「多生」は現世の前に積み重ねた数多くの前世、その数多くの前世の因縁が積み重なった結果が現世で袖を振り合うという出会いになっているのです。さらにそうした現世の因縁も来世の縁に繋がっていき、輪廻転生という仏教的な観念を離れても、一つの出来事の裏には、沢山の出来事があり、一つの結果の裏には数え切れない程の物事が遠因として作用しているということを思い起こさせられる言葉です。逆の見方をすれば、何気ない一出来事や一言が、大きな出会いや縁の元になることも必至です。前世・現世・来世の結縁・現世の過去・現在・未来の因果　目の前の出来事と繋がるそうしたものを思い出させてくれる言葉です。この文を偶然に目にしたという方とも、多生の縁で繋がっているのですね。この繋がりを大切にしましょう。

会話とメールメッセージ

さて、地球人が家族として理解し合うために、対話は最も大切な行いです。そこで、今後懸念されることとして、地球の裏側へメッセージとして思いがきちんと伝わるかと言うことです。ここでは、メールメッセージを取り上げてみます。

剣道の稽古は言葉の無い会話と表現してきました。そして、先生・先輩が送る稽古のメッセージは何なのか考えながら剣道をします。体で対話する素晴らしい剣道と昨今のメールから起こった痛ましい事件と何が違うのでしょうか。

先日、ラジオで、私達が考えなければならない多くの事の中から、メールメッセージのことをとりあげて論議していました。サイトに書き込まれるメッセージと普段の会話で伝えられるメッセージには、どんな違いがあるかという話でした。

まず、メールは伝わる速度が速いということが利点です。確かに伝達が早いという良さは現代科学の結集といってもよく、便利です。しかし、文字という単一的な伝達方法では、受ける側も直接的で単一情報でメッセージの内容を判断しなければなりません。その単一の情報によっておこる感情（感覚）の高まりは変化（修正）しようがありません。

会話ではどうでしょう。言葉のメッセージの他に表情や語調、しぐさなど隠されたメッセージ、いわゆるメタメッセージも同時に送られます。「本当の意味は?」と考えられる複数の情報が得られるのです。また、伝達速度がゆっくりであることも合わせ、メタメッセージが感情の高まりをクールダウンさせるのです。

たとえば、「バカね、あんた」とメールで受け取った時と、会話でニコニコしながら、肩をたたかれ「バカね、あんた」と、直接会話の中で言われた時との感情の違いは理解できるでしょう。

手紙でも感情的に書いた手紙をポストの前で「やっぱりやめよう」とやぶり捨てたりします。情報の速度の違いです。クールダウンさせる時間があるのです。メールが良くないと言っているのではありません。人間の関係を築くうえで、心の伝達がメールメッセージだけでは限界があることを知っておくことが、大事ではないでしょうか。

剣道の稽古に話しを戻しますと、私たちの稽古は対話になっていないこともよくあります。その人の求める価値観と同一線上の価値で稽古し、更に高い価値を表現することが稽古です。自分勝手は、友達をなくします。また、指導する立場の人が、今日の稽古で、しっかりメッセージを残したのか、振り返ることも大事です。向い突きで本当に何かを伝えられればいいのですが……。

日本語と剣道

学生時代、サンフランシスコで「日本剣道形」の指導をお願いされました。三本目を「下からグーッと攻め上げる」と言いましたら、通訳の方がそれはどういう意味か逆に質問され困ってしまいました。日本語は難しいもので、感覚的で経験的なことで共有できることを含んでいます。

また、日本語は、形容詞的用法が多く、墨がにじむように、むしろはっきりしないところが剣道にぴったりしているところがあります。彼は足が速いを英語では、He is a fast runner 早い走り手だと名刺的用法を使います。しかし、剣道では、名詞的用法で言い切ってしまうと、それは違うと言う人が出てきます。それぞれのスキルが認められてるからです。

概念の言語的表現は名辞によって示されます。剣道の概念規定を明確にし、それをめぐる専門語を厳密に使用することが、剣道の国際的発展に繋がると考えられます。日本語のみの使用は曖昧論として現在に留まるであろうと思います。つまり直観として得られる日本語、それを端的に表現できる英語を併用することが、国際化することや、学問として概念づけていくことの最も近道と考えます。

剣道を学問ととらえようとする動きがあります。そこには日本だけの学問だけでなく、論理づけようとする外国人の協力を得て、国際的学問として出発しなければならないと考えます。現在、海外在住の外国語堪能な日本人剣道家や日本在住の外国人剣士が貢献されていることに感謝です。

地球家族の土台

学生時代の夏休みに米国カリフォルニア州とハワイ州の延べ四十八の道場を稽古して廻りました。卒業論文作成の為でした。現在でこそ、高校生もが研修として、自分で視て、聞いて学ぶ時代です。しかし、当時、大学では夏の合宿とバティングしていたこともありましたが、厳しい合宿より、旅行気分のイメージの海外研修に出ることの方を推奨されなかった時代でした。

しかし、若い時代から大いに、海外にも意識を持つことが、地球家族の土台を築くことになると考えます。

さて、そのアメリカに剣道が根付こうとした時代に、始まった二世ウィークというものがあります。一世が移民し、二世との言語での意思疎通を図る為に（言葉の無い会話ができる）剣道が始まったのです。日本人排斥運動の中で、苦労の連続の中で、親子の絆を強固にした奇跡の手法・愛の剣道が維持されたのです。

現代の高校剣道は、勝ち負けだけを追い求めねばならない、試合もいつも限られた人しか出られない、そのために体を痛めるほどハードな練習に明け暮れなければならない、あるいは、大学進学の為に勝たねばならない、監督のエゴの為に叱り飛ばされる、こうしたことの為に本当の愛に満ちた剣道が押しつぶされているのです。もし、現代剣道が、アメリカ移民一世の代に横行していたなら、一世と二世の壁を本当に崩せたかはなはだ疑問なのです。

時代を一緒に生きる

「今どきの時代の流れですよ」とか、「時代に逆行しています」というように、「時代の流れ」という言葉を聞きます。津波のような大きな流れなのか、単なる流行の上澄みの流れなのかしっかり読み取ることは、自己の発展の為に大事なことであると思います。しかし、その時代の流れを作っているのも確実に人です。その時代の流れに人の心までも変わってしまうとは考えられません。むしろ、自分たちの力で、信念のもとに流れを止めてみようとはしないのか、浮き船のように高い所から低い所に流されるだけなのか、私は疑問に思うのです。そして、流れに乗った方が良いのか、逆行しても信念を貫くのか、しっかり語らうべきであると思います。もう、世がそうだから直ぐにそうしなければならないような方向性が心配なのです。時代と時代は線で区切られているわけではありません。高年代と中年層と若者と子供たちが一体となってその時代を作っているのです。そのどこかが少しずつあるいは急に変化し、墨のにじみのように全体が変化していくのです。自動車や電話によって地球は繋がり、人の行動様式が変わりました。これからもパソコン、人工頭脳の発達によって人間の考え方は一層変化していくでしょう。あたかも武器によって考え方が変わった武士のように。しかし、人のあり方は時代によって変わるべきものではないと考えています。上辺の水はどんどん流れています。現代のように。根本の心は奥底の水のようにゆっくりと動いているのです。

《世界文化であるために》

文化は、文化財があって、二人以上の人がその財に共通の価値を見い出し共鳴して成立します。
変化の著しい現代社会において、文化財としての剣道が、人々に広く共鳴をもたらすために忘れてはならないことを、わが師の言葉を借りてここに改めて掲げます。

私を茗溪学園にご紹介頂いたのは、筑波大学の故中林信二先生です。私の学生時代の恩師です。四十二歳という若さでお亡くなりになった直後のことでした。私が高校の学年主任で高校一年生対象の人文科学分野の講演会を企画し、筑波大学から哲学の先生をお招きしました。夕食会でその先生に「先生は教育者ですか、研究者ですか」と質問したとき、「私は研究者と思っていますが、その両方すごい先生が筑波大学におられたのですが、残念ながら最近お亡くなりになりました。身体論は私たちの分野でも勉強になる研究でした。体育の中林先生と言われたかな」とびっくりする予期せぬお答えが返ってきました。私はそんなすごい先生に教えを受けていたのだと、葬儀でも泣かなかったのに涙が止まりませんでした。

さて、「日本語と剣道」（１９２ページ）で私の考えを述べましたが、剣道について自分の言葉で世界へ発信することは大事だと思います。そんな思いから、今後も語り継がなければならない中林信二先生のお考えを、先生の著書の『武道のすすめ』から抜粋し、リサ・ボンド先生（現関東学院大学教授）と意味を確認しながら英文にしました（これをイギリスのアトランティックカレッジでの東洋哲学の授業で発表しました）。ここに、その日本文と英文を掲載します。

先生も喜んでいただけると思います。

【『武道のすすめ』より：日本語での発表内容】

歴史：剣道は現代、日本の伝統的スポーツで、竹刀をもって、定められた部位を打たれないで打つ競技です。その剣道はその時代の情勢にともなって、戦闘技術として、日本における様々な武器の中の刀剣によって発展してきました。

世界中で戦争がなかった年は、今までで百年しかなかったそうですが、日本でも武力によって日本を治めるといった時代は続きました。その武士（戦士）たちの生死をかけた争いは、ほとんどが刀剣によって行われていました。その技術は、戦場で体験したものを戦場で実験しながら、技術の向上をはかっていたのですが、約二百数十年前、徳川前期、世は移り変わり平和となり戦争もなくなりました。したがって、剣道を学習する必要もなく、修行の目的は次第に変化し、いつしか武士たちの教養や、人格形成のための「剣の道」へと、質的に変化してきました。この時代の剣道の練習法は、道具なく、何もつけないので自由に打ち合えず、形の反復を、『寸止め』で行われていました。つまり練習を積むことにより、皮膚の近くで止められるようになり、それが近いほど技術上達の度合いを判定していました（形剣道）。しかし、徳川中期になると、世も一層平和になり、武士の緊張感もなくなり、形も変化して魂を失うようになったので、全身の気力を持って打ち込む練習法が望まれていました。

そこで、防具や袋竹刀が考案され実際に打ち込むことができるようになりました（試合剣道）。試合剣道は形剣道の補助的存在でしたが、生死を意識した強力な精神力を含めた技術の練習であったこ

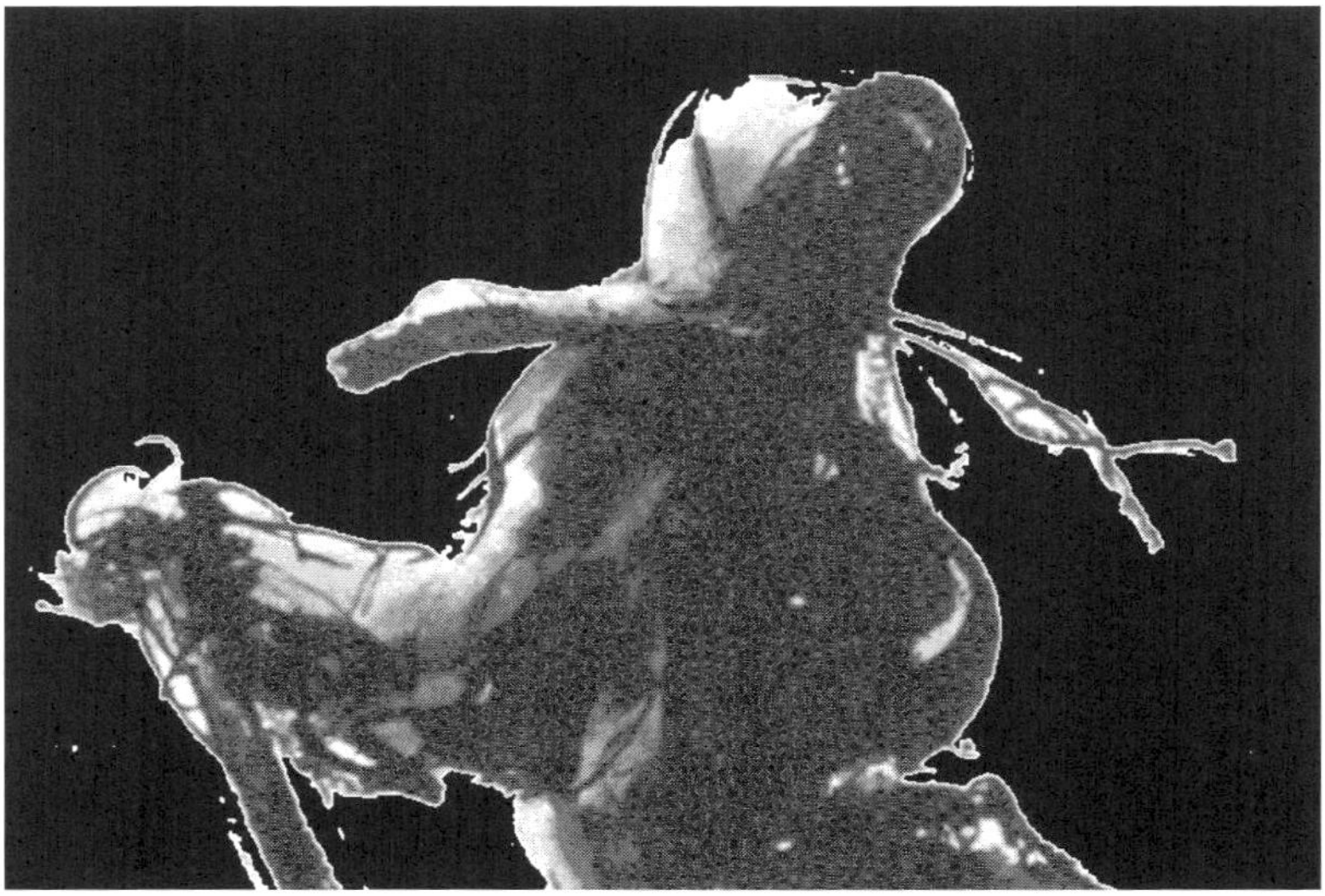

とは共通したことです。この時代の武士の教養として、幕府が朱子学（親を大切にし、人を尊敬し、知力を養い、礼儀を重んじる精神を大切にする学問）を奨励したことが、武士と武道、武士と学問と結びつき、その心は現代も生きています。そして、教育の場にも生かされるようになりました。体育教材となりスポーツとして発展してきました。現在は七十二か国で剣道が行われ、世界大会も九回（一九八四年時）行われました。今回一回目の女子の世界大会が行われました。

さて、剣道の考え方については、多面的です。図（P218参照）のように、単なる運動競技としてみることができます。また、伝統的文化遺産としてみることができます。そして、芸術や学問・教育としてとらえることができます。

今日は哲学の授業ですから、剣道の持つ特性を①「文化」という立場から、②競技形態から「対人性」ということ③日本の伝統的教習法「型」「身体論」を、特に精神的な立場から考えようと思います。

一・武道の特性（文化として）

文化という言葉には、実証的にも理論的にも様々な概念がありますが、技術や精神性なども含めて、武道（剣道や柔道や相撲の総称）という存在やはたらきすべてが、文化という概念に包括されるのではないでしょうか。まず日本の伝統的な文化として、他の体育やスポーツと比べてどのような特性があるのか、ごく概括的に考えてみます。

○伝統と洗練

武道が文化として成立するためには、自然的、本能的な行動様式でなく、社会的な人間の獲得した行動様式として条件が必要でした。ただの戦闘技術ではなくそこに、社会的にも個人的にも目的が意識され、意味が発見されるから文化が成立するようになるわけです。単に個人の戦闘技術から、やがて血のにじむ先人の努力によって、初めて武技を教習する体系が発見されたのです。そして、意味・目的のある身体運動が伝承され、継承発展されていくところに文化の伝統が築かれたのです。

さて、武道は長い歴史の中で、時代とともにその形態や理念も変化してきましたが、他のスポーツと比較すると、形態的より、原初な形態が存続されていることが見ることができます。運動形態が合理化され、単一化されてくるのは当然で、その度合いが近代化された運動文化であるかの尺度となっています。武道は他のスポーツに比べ、生の運動形態を残し「型」とわれる伝統的な教習法を残してきているのです。ここに我々は、競技化、合理化ではなく「洗練」という文化的な価値を見出すことができるのです。数百年の歴史の中で洗練された武道の方を見るとき、その美しさと真の意味での合理性に伝統の重みをひしひしと感じることができます。

○人格との結合

運動文化は全て、身体的活動を通じての精神的、人格的な向上をめざすものですが、武道の場合、その技がただ成功して勝ったかどうか問題にするのではなく、その技に込められた気合、精神などの質的な要素を問題にし勝敗のほかにその人格的表現としての技を問題にします。剣道における有効打突（ポイントとなる技・打突）の基準のしても、その部位、強度のほかに気合、態度、姿勢など、演技者の表現した技を総合して判定します。バスケットボールの得点のようにゴールにボールが入ればどんな入り方でも得点になるのとは異なるのです。フェンシングで一定の強度で接触すれば、ランプがつくのとは異なります。武道の場合は、表現される技一つ一つに人格性を含み、その技は勝敗を超えた価値をもっているのです。

我々は武道を実践する者の経験からしても、試合や稽古を終えた場合における優劣に対する感覚や満足感は、決して勝敗を通しての競技性の尺度ではなく、人格的な納得、快感と言ったものです。まぐれで、たまたまでは満足しないのです。

気持ちよく打つことができたというように、勝ちと負け、成功と失敗の価値体系と別の価値体系があるのです。

このことは、心とその表現としての技の結合度の強さを示すもので、心身一致の技を発揮した喜びは、自己表現としての勝敗を超えたものをもっていると言えるでしょう。芸術家や職人の自分の表現や作品に対する満足は、人がこれを認めるか否かを超えているように、こういう点で武道は、芸道的な性格を持っていると言えるでしょう。

二・運動文化としての特性

○対人性

剣道は運動類型的には、対人競技であり、様々な武道技術も対人性ということが最もよく性格を表しています。この対人的性格という者が武道の技術を複雑にしているのです。個人的レベルでの姿勢、構え、体さばきというものが、相手との関係、例えば攻めとか間合いとかの中でどの様に働き調和するか、重層的な構造になっています。しかも競り合いの中にあってはこちらが死ぬか、生きるか、プラスでなければマイナスしかないぎりぎりの危機感を持っているのです。この危機的で不安定な場面においては、自分の技を発揮するうえに、どのような特性を発揮するのでしょうか。考えて打っても遅いし、やみくもに竹刀を振り回しても勝てません。その一つは、身体的技術と精神的技術の一致ということなのです。そこでは心と身体は分離する物ではなく、判断と行動を分離していないのです。

心が身体であり、判断が即行為なのです。理論と実践が同一であり、技と自己の分離さえなくなるのです。また、ある一つは、動と静の一致ということができます。心と身を一つに感じ取り、判断が即行為として全身的な力の発動としての「動」は、同時にそれ以外何物でもない複雑な「静」の極致だともいえるのです。この動と静を同時に味わう技術は、絶対的境地における全身心的行動においてのみ得られるものでしょう。古来、武道において、不動の境地を宗教や思想に求めた伝統がありますが、運動技術自体にそのような特性があるのです。

○自己との戦い

剣道は自と他の間の変化の中で行われます。相手との動きの変化の中で成り立つ技術です。だから、相手の変化に瞬時に対応しなければなりません。相手の変化は、そのまま自己のそれに対する対応を決定的に要求します。言うまでもなく相手の変化に応じないことも自己の対応です。しかもこの変化は形態的にも動きとしても複雑性と多様性をもっています。このような無限の変化の中に理念と向上を求めて修行しなければ、自己を失い形を失うことになります。そこに思うようになるべき自分の体でありながら、思うようにならない身体とあらためて対決しなければならないのです。人間の内的な理解とその表現される外的な形態のず

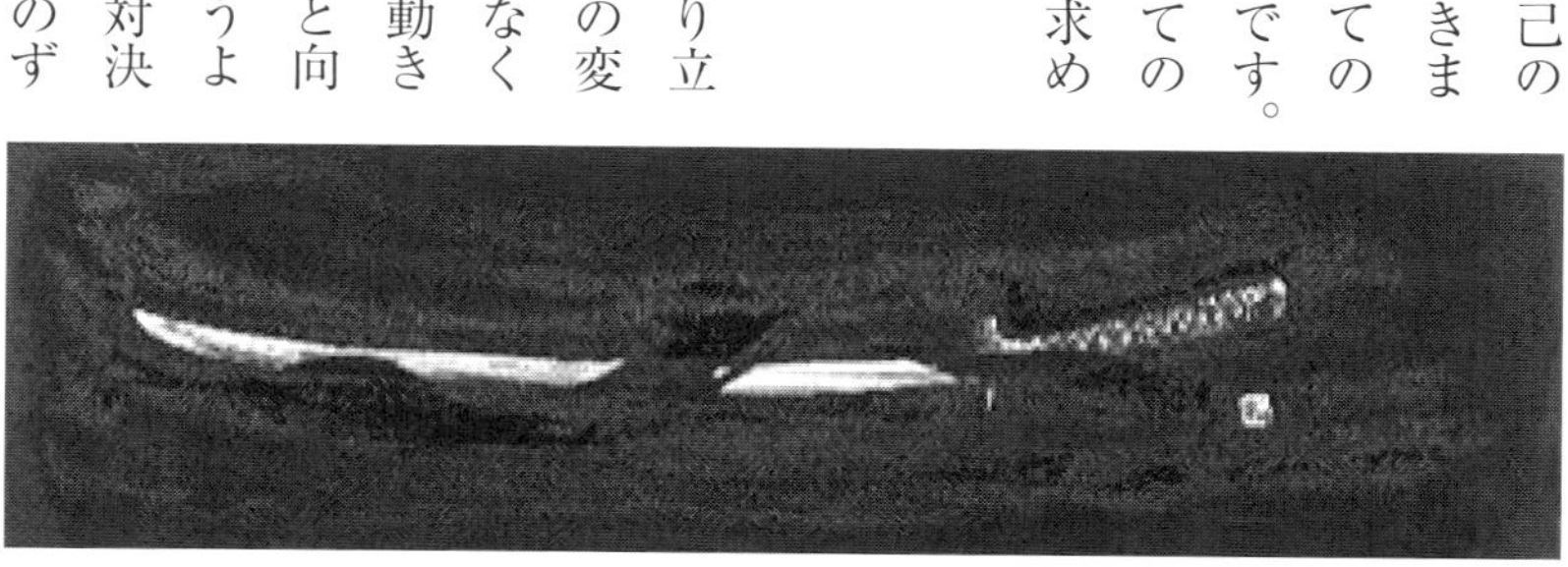

れに自己の姿を発見し、それを克服していくところに修行の根拠があるのです。

三・教習法の特性

○型について

能楽の大成者でありすぐれた芸術論を残した世阿弥は『能楽の修行というものは、色々な技を究める型をひたすら習うことである』と言っています。その型は定められた一定の型で、伝統的な意味を持つことで強い強制力を加えられるのです。修行者は師の教える型の中に自己を叩き込んで、そして窮屈な型の中で実践をしなければなりません。一方において諸芸の修行論は型を離れること強調していますが、これも古来より、型より入り、型を自己のものとし活用し、最終的に型を離れ、自由な働きができるようにと教えで、まず、『型』を大事に考えています。

しかし、スポーツにおいては、定型化し、それを強制的に真似させることは、批判的にみられることがあります。単に無駄を省いたところから、合理的に発展させようという教習法からです。

武道や芸道において、いやおうでもやらせられるという窮屈さの中で何度も繰り返してやる、その結果として内面的に精神化の方向へ鍛練していこうとしています。そしてそれが、自然に型の根本原理や筋道を自然に会得することになるのです。技を習得するということは、自己の身体的実践によって身体で覚えることであり、それは、当然内面的な心の世界を自覚したことになるからなのです。

○現代の型

日本人には自然観や人間観において一種の象徴主義があります。西洋的自然観は、一つの石は単に一つの石に過ぎず決してそれ以上のものではなく、山は山に過ぎない、とするのに対して、日本の自然観は、たとえ道端の小石一つでも、それは一つの小石であると同時に、全宇宙の本質を代表し反映するものとして理解されます。日本人は単一なものに全宇宙的存在として自己を掲示しているわけです。一は即全としてとらえられ、それは庭園、茶道、生花、絵画において、自然の縮図、宇宙の神髄を象徴するものとして現わされ、われわれの生活を深めています。

人間の生き方・見方にしても型と無縁ではありません。しかし、私見ですが、現代人は型にとらわれず、型をくずすことで人間の純粋性と自由を追及しているように錯覚しているのではないでしょうか。本当は伝統や型といったものより、もっと強力で恐ろしい社会的な強制力と向かい合っていることに気付かないのです。

剣道も、小石と同じように、単に「打った」「打たれた」ということを超えて、全宇宙的なつながりをもった技として考えるべきなのです。

四・自己実現としての剣道

今日のような情報化社会にあっては、情報の伝達だけでも大変であり、当然でもあります。今日の教育は、人間一人づつではなく、また人格としてでもなく、束にして時間に限り知能や技能を詰め込むということになりがちです。こうしたマスプロ形式の教育からは、各人の個性を伸ばす教育というものは期待できないと考えます。師と弟子が人格ある個人として相対し、師は弟子の様々な条件に見合ったきめ細かい、丁重な指導をしなければならないのです。師も弟子も同じ道を求める修行者であり、一対一で厳しく鍛練しながら、お互い謙虚に認め合う武道の修行には、身体を通しての人格的対話と交流があります。そして、これが今の教育に最も欠けている点であると思っています。

現代人が疎外感を持たないために、最も望んでいることは、自己実現ではないでしょうか。何かに自己を投げ入れ、そこで生き甲斐・存在感・解放感を実現でき、生き生きとした世界観を持つという、人間の生き方に関わる難しい問題です。しかし、自己実現とは、欲望のままに行動することではありません。人間の生き方として様々な制約を受けながら、それに真剣に取り組み、それを乗り越えて、そこから新たな自己を発見することになるのです。ここに個性的な自己の人生というのが実現するのではないでしょうか。武道の修行が目指したものは、昔から自己の確立でした。まさに命がけで修業することによって、確固たる境地を持った自己を確立することでした。技の理法を自己の物として体得したとき、苦しい修行の中から、非常に創造的な新たな世界が開けてくるのです。このように、稽古の一本一本に自己を投げ入れて、工夫と反省を繰り返しながら実践する武道の修行は、真の自己を発見する道と言えるのです。武道をはじめ芸道や仏道などの日本の伝統的な思想には「道は一つ」「道の為に道をおこなう」という考えがあります。そして、この『道』は、遠い彼方にあるものではなく、我々の足下に、日常生活にあるものと考えています。

　このように武道に関して日本人の哲学的なとらえ方を一部お話ししましたが、実際に体験してみないとわからないものです。また、剣道をやる人全てがここまで理解できる段階の人は多くありません。ただのスポーツとして競技の世界だけで捉え、伝統や洗練の域までいかない剣道の教師も少なくありません。

　こうした意味で、文化であり、教育であり、学問であるべき武道が、オリンピックになって競技だけの剣道になることを恐れる武道家はたくさんいます。世界大会は行われてもオリンピックには時間がかかるでしょう。

“The Philosophy and Special Characteristics of Kendo” by Tsunenori Murashima

Kendo is a traditional Japanese sport or martial art in which one usually uses a bamboo sword. The sport is conducted in a specified area and the players try to protect themselves while at the same time trying to strike their opponent.

Along with the demand of each new generation, Kendo has developed with the change and progress in war technology, in particular the development of the sword. Of course this is because there has not been 100 years without war somewhere or perhaps even anywhere in the world, and this is true for Japan as well, for japan was governed by martial power for many years.

The life or death battles of the samurai or warriors during those years were almost all exclusively carried out using swords.

The technique of the sword fighting changed and developed through the experience of the warriors on the battlefield. Approximately 280 years ago, in the beginning of the Tokugawa or Edo period, the unstable social situations and wars within Japan changed to one of stability and peace. Therefore, there was no need for the practice of Kendo or the sword as a life or death skill, and the purpose of the

training of the warrior gradually changed to "'the art (way) of the sword", in which the samurai warriors were educated strictly for the purpose of personal character and development.

In the early Tokugawa period, the warriors did not use protectors in their practice. Also, they did not strike freely one another, but they refrained or pulled back at the instant just prior to striking their opponent. In other words, the warriors practiced without any physical contact, but since they practiced with extremely close proximity to each other, the level of the techniques and practice increased and this is a major factor in the development of the Kata-Kendo, or the Kendo form and exercises.

In the middle of the Tokugawa Period, the social situation became even more stable, and this resulted in a "relaxing" of the mind and spirit of many of the samurai soldiers. This caused a change in the form of Kendo where the spirit became lost, so the use of one's compete spiritual energy (kiryoku) in the practice of Kendo became desirable. Therefore, the use of protectors and bamboo practice swords were introduced into the practice of Kendo, and this is known as competitive Kendo or "Shiai-Kendo".

"Shiai-Kendo" used to be a subsidiary of "Kata-Kendo", but the common aspect is the existence in the technical practice of a strong spiritual power which encompasses the consciousness of mortality. In the middle Tokugawa Period, the education of the samurai as recommended by the Syogunate included the teachings of Neo-Confucianism. This teaching included teaching the respect of one's parents and all humans, as well as the respect of knowledge acquisition and the spirit of social propriety. So this teaching was combined with the teaching of the martial art and its spirit still re-

mains at this time. Within the Japanese education, this spirit and teaching is utilized, and it is a part of not only physical education but also used in many recreational spots.

At present, Kendo has become popular and has spread throughout the world, and it is practiced in 72 countries. There have been 9 world tournaments (championships) so far. Just this past week, the first Women's World Tournament took place in Paris, France.

There are many different aspects to Kendo. According to the chart below, Kendo can be considered as only a sport or athletic endeavor. Yet, one can also consider Kendo as a traditional cultural legacy. It can also be considered from the viewpoint as an art, academic field of study or even a way of education.

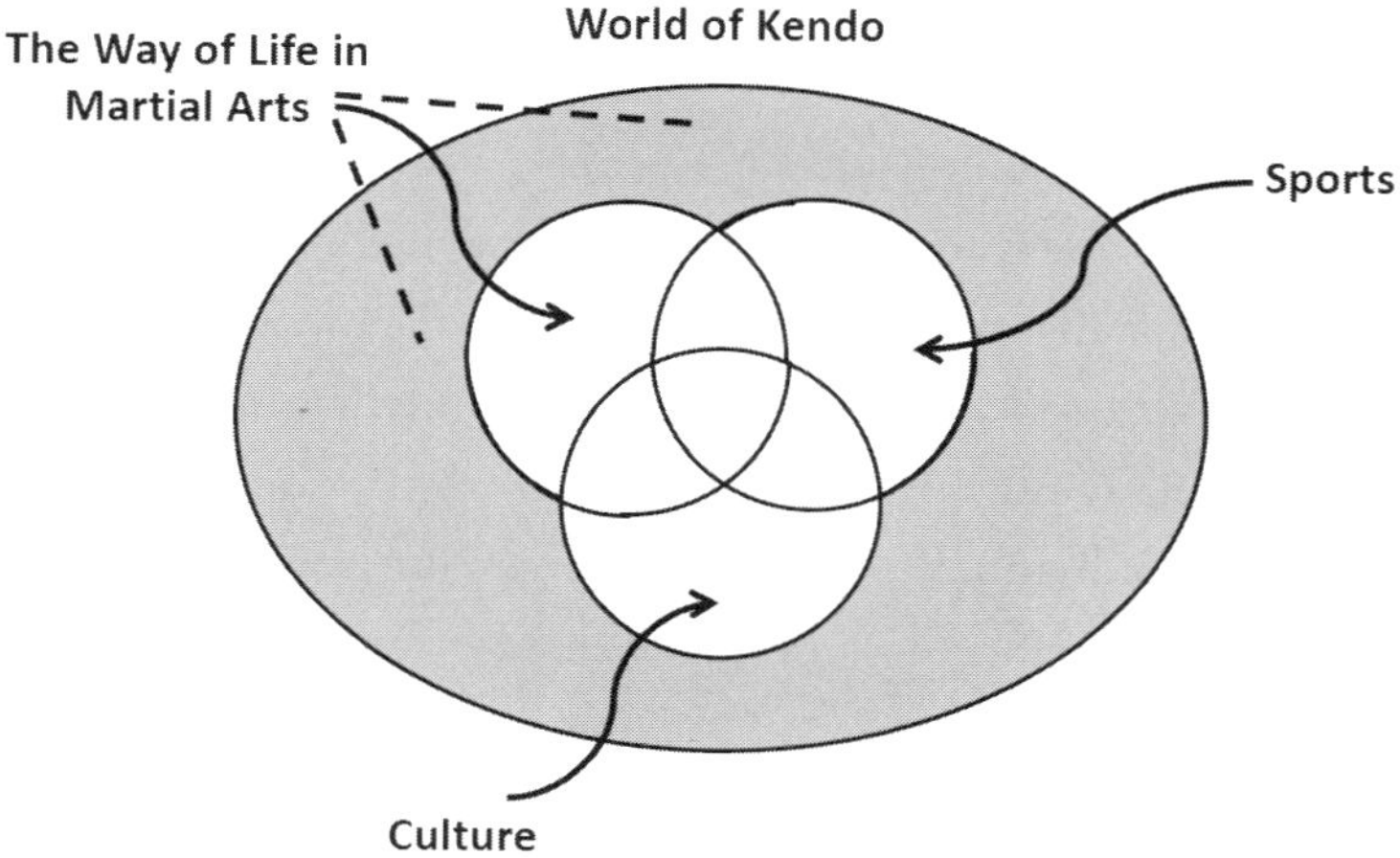

Since this is a philosophy class, I would like to discuss the particular characteristics of Kendo. I will examine them 1. from Kendo's cultural background, 2. The personal attributes necessary in the

competitive style, and 3. the Japanese traditional learning method and physical (body) theory, in particular from the point of the spiritual aspect of Kendo.

1. The Cultural Aspects of the Way of Life in Martial Arts

As for the word "culture" there are many concepts or ideas regarding theory and practice. Likewise, in its existence and expression, the technique and spiritual aspects of martial arts, for example in Kendo, Judo or even Sumo, the concepts of culture are included. I would like to first consider the characteristics of Kendo as a part of the Japanese culture and tradition, and compare Kendo with other forms of physical education and sports to see if there are any apparent unique characteristics.

The Tradition and Refinement of Kendo

For martial arts to emerge from within a culture, it could not be a natural or instinctive expression of man, but rather it had to result as an action or movement needed for men within their social framework. It is not just a technique for battle, but the societal (group) and individual (personal) purposes are conceived and the meaning of martial arts is found to emerge from a given culture. The system of learning martial arts was developed through the endeavors of the originators or first Kendo artists which developed from the individual battle techniques used at that time. Physical movement which has and had meaning and purpose was transmitted and developed, and this helped to formalize Kendo's cultural tradition.

Within the long history of Japan, the form (exercise) and theoretical martial arts have changed somewhat with the times. However, when compared to other sports, the form of martial arts has not changed but has remained in its original form. In most sports, the physical movement and form changes and becomes more rational and simplified over time, and this is evident in the modernization of the culture of sports. Yet martial arts still remain as original types of sports movement with the kata (form). In other words, the traditional teaching and learning methods still remain intact today. One can consider martial arts not to be competitive or rational, but rather the refinement of one's being--as a Japanese cultural value. When one looks at the several hundred years' history of the refinement of the form of martial arts, one can understand the value of cultural tradition in its beauty and true meaning of rationality.

The Combination of Personal Character with Kendo

The aim of the culture of sports is to develop the spiritual and personal character of each person through physical activity and movement. However, in the case of martial arts, it is not a matter of just winning, but rather the spiritual and emotional aspects that are considered important, and it is through not only winning and losing but the personal expression of the techniques involved that are important. For example, in Kendo the standard of effective strikes (the technique or sudden strikes used to gain a point) is determined according to the position and strength of the strike, as well as the spirit (kiai), attitude and posture of the players involved. This is regarded as the general expression of the techniques of the players. As

for basketball, within reason the techniques used to make a goal are not as important as the points themselves and this is quite different from Kendo. Also, Kendo is different from Western fencing in that as long as the fencing player makes contact with his opponent with certain strength the lamp will light up, and he will gain a point. In the case of martial arts, or Kendo, each expressed technique implies the individual personal human character and the techniques have value which supersedes winning and losing.

From the experience of one of those who practices martial arts, I understand that the satisfaction and feeling towards superiority and inferiority does not come from competition and practice, but from the personal acceptance of the result of the competition and the personal satisfaction of oneself. Those who truly practice martial arts are not satisfied with just "coincidental" winning.

There is another value system in Kendo which is different from one which encompasses only winning or losing, success or failure. The most important thing in Kendo is to make a strong strike with sincerity (feeling). This shows the strength in the combination of the heart or mind (spirit) and the expression of technique, and the joy of the expression of the oneness of mind and body goes beyond one's personal winning or losing. An artist or artisan can be satisfied in their own products, even if others do not value them. So to in a similar way, do the martial arts have an artistic character.

2. Characteristics of Kendo's sport techniques

Personal Attributes

Kendo is categorized as a "person-to-person" competitive

sport, and the various techniques used have mainly the characteristics of personal attributes. However, the characteristics of personal attributes makes the techniques used in martial arts (Kendo) complicated. At an individual level, one's posture, pose, and footwork depend on their relation to their opponent; for example, how one draws their sword and he interval of space taken between the two players is constantly in a state of adjustment and flux, where the stratum within the relationship of the two is built. Besides, during the competition the players fight with a critical consciousness of life or death. In other words a plus or minus (positive or negative) relationship exists.

In this type of critical situation, what type of characteristics are shown by the individual players when they express their refined techniques? It is too late to strike the opponent if one takes time to think, and one cannot win by just thrusting or moving their sword in the air. One of the characteristics of Kendo is the oneness of the physical technique and the spiritual technique. At that point, the mind and body are not separated; in other words, decision and action are not separated. The mind is the body. Theory and practice become one; technique and one's individual self cannot be divided. Also, at this point movement and inactivity can also be con-

sidered one. Movement which drives one to feel the oneness of mind and body and shows the powerful expression of one's total body becomes the complex state of perfect quietness. To have the technique to experience both movement and inactivity at the same time, one will have to be in an absolute realm where the body and mind act as one. From ancient times, the martial arts have had a tradition to seek this motionless state through religion and/or philosophy. Thus martial art techniques have also encompassed these characteristics.

The state of Individual Battle or Competition

Kendo exists in the realm where one's self and another person involved are in a state of constant change. The techniques used are based on and result from the movement and changes in the position of the opponent. The players must respond quickly to the physical and mental changes of their opponents. These physical and mental changes of the opponent definitely require a response to them. It goes without saying that if one does not respond to these changes in the status of their opponent, they become their own opposition. However this change has both complex and diverse aspects to the form and movement that it encompasses. Unless one trains his or herself, seeking both the theory and constancy in the infinite changes, one will lose one's self and the form too will be lost. One should confront their own body which ultimately must be controlled by themselves, but in reality this cannot be easily done. One finds oneself in the difference or dichotomy between one's inner understanding and the outwardly expressed form which it takes, and to overcome the difference between the two becomes the bases of the

Kendo training.

3. Characteristics of Kendo Education and Training

Form Zeami, who established the total form of Noh-gaku (Noh dance and music) as well as its superior art theory stated that the training of Noh was only learning the forms necessary to complete accomplished various techniques. Those forms are specifically defined and described, and since the forms represent or encompass various traditional meanings they are very restricted. The trainees or disciples must put themselves wholeheartedly into the forms taught them by their teachers, and they should practice only those strict forms without any variation or deviation from them.

In one sense, for the theory of various arts, to separate from the form is stressed, but to learn the form from ancient times, to use that form for one's self, and to ultimately separate from the form to a level of freedom means that one must first and foremost make a careful consideration of the original "form" or "kata".

However, in sports or athletic events, it is sometimes said that it is critical to make rigid forms and to have those forms strongly imitated. Almost all sports are taught to cut out unnecessary or non-useful aspects and to aim for the rational development of all movement and action.

In martial arts as well as traditional cultural arts, one must experience the tiresome, tedious feeling that results from continual repetition of the training, and the result of such a repetitive practice is that one will begin to experience and internal spiritual change from such a discipline. This naturally leads one to learn the basic

theory and the system of the form. To learn the techniques used is to learn by one's own body through personal physical training, which thus shows that one is aware of their own inner world of their mind and spirit.

Modern Forms

For the Japanese, their concept of nature and concept of Man (or the way they view and consider nature and Man) is very symbolic. In the western concept of nature, one rock is just that, one rock, and it does not go beyond that. Likewise, a mountain is just a mountain. However, according to the Japanese concept of nature a small pebble found on the road is a small pebble and at the same time it is an object which expresses and reflects the essence of the entire cosmos or universe. Japanese in a rather simplistic way have a view that they themselves are a display of the complete universal or cosmic existence. One becomes all (everything), and the essence of the cosmos and nature are found symbolized in Japanese rock gardens, the tea ceremony, flower arrangements and scroll works, and our life itself becomes an expression of this essence and truth.

The way of living and the view of life are not unrelated to or separated from these various forms. However, it is my own opinion that people living in this modern day and age may have an illusion that they can seek purity and freedom when they live apart from the form or kata and even break or destroy the form. The reality is that they are not aware that they are confronting a much stronger and terrible condition or state than the tradition or original form, that being social restriction. Kendo should be considered as a stone in the universe, a reflection of the true essence of the universe or cos-

mos. It is not an activity of "to hit" or "to be hit", but should be carried out as a technique which relates to and helps an individual become one with the whole universe.

Learning by the Body

It commonly happens that one's own technique cannot respond in anyway when the power or pressure of the opponent is very strong, and on the other hand, one's technique can bear a good result when one's strength rules their opponent. Thus, the meaning of one's technique and mind can be related to the concept of the "body".

It is not that the technique and mind become one through the body, but rather the physical body encompasses both the technique and the mind. Within Japanese thought, a strong consideration for this "body" has long been evident. If the physical practice is omitted from Shintoism, Buddhism, and Neo-Confucianism in Japan, then we can not truly understand their philosophical or religious ideas. It can also be said that one cannot understand the Zen experience of quietly sitting in meditation and experiencing their personal physical existence without a consideration of the "body".

To learn any technique and to make these techniques their own through their own physical action and movement is called learning by the body, which shows the state where the technique and mind become one and they are harmonized, belonging to the person. When this state occurs, the mind is free from any restriction and one can find one's unintentional, natural expression of the technique. The technique which is learned by the body becomes totally the oneness of the mind and the technique.

According to Western rationalism, the subjective self uses the "physical body" to work and move outside, but for the Japanese way of thought, the body becomes the center and the techniques acquired and learned become a way to control one's self and even negate one's self. In a roundabout way, through this control and negation, one can progress and develop one's self. In other words, through this physical self-control, one can change oneself and through intuitive movement one can rapidly progress forward towards a creative and active self.

Learning by one's own body is to put one completely into his or herself, to deny one's self, to be absorbed in one's existence and to be free from any desire or restriction. Thus, to repeat the process (practice) which is seen to be very simple is considered as the way to become enlightened and conscious of one's self through the oneness of the mind and body. Simply, through patient and steadfast repetitions both nature and the body are able to move.

4. Kendo as a means to actualize the Self

In the modern information-oriented society, even the transfer of diversified information is quite difficult. Present-day education has a tendency not to face each student and respect each individual personality and character, but to teach them a package of knowledge and techniques within a given, limited time. In the mass-production educational systems of today, we cannot expect education to develop each student's individuality. Teachers and students should exist equally as individuals, and the teachers should offer polite guidance and instructions which meet the various needs of each

individual student. Teachers and students of martial arts alike are considered to be practicers on the same "path", and as they undergo severe training, they both become humbled by the training in the martial arts, and through the physical body they are able to have human interaction and communication. And this type of human interaction and communication is what I think is missing from to-day's education.

What those living in today's modern era mostly desire is to rid themselves of the feeling of alienation, or rather they desire self-actualization where they can be absorbed in something and thus realize the purpose of living and true feeling of their existence and freedom. It is truly a difficult matter which relates to one's way of living. However, self-actualization does not necessarily imply or mean the fulfilling of one's dreams or desires. Throughout man's life, he will have various types of restrictions placed on him, and as he considers these restrictions seriously, he will overcome them and be able to find a "new" self. At that time, a truly free and creative world will become his. And is it not here in this existence that the individual self will be actualized?

From the ancient days, the general training of the martial arts was to establish self-actualization, and this is still true today. It is to establish one's self, which has a static state of existence through life or death training. When one realizes and understands the theory of techniques and makes them become a part of one's own self, a very creative cosmos is actualized after the very hard and intensive training. In this way, the training of martial arts, including Kendo, requires the trainee to cast him or herself into hard practice as well as to repeat the elaboration of techniques as, through self-reflection

they can realize the way to find their true self. Martial arts, like Japanese traditional arts and Buddhism is a traditional thought that can be considered as "One Way" or "The way to understand the Way". And this "Way" or path is not something removed or far away from us, but it is like our stockings, something that can be found in our everyday lives.

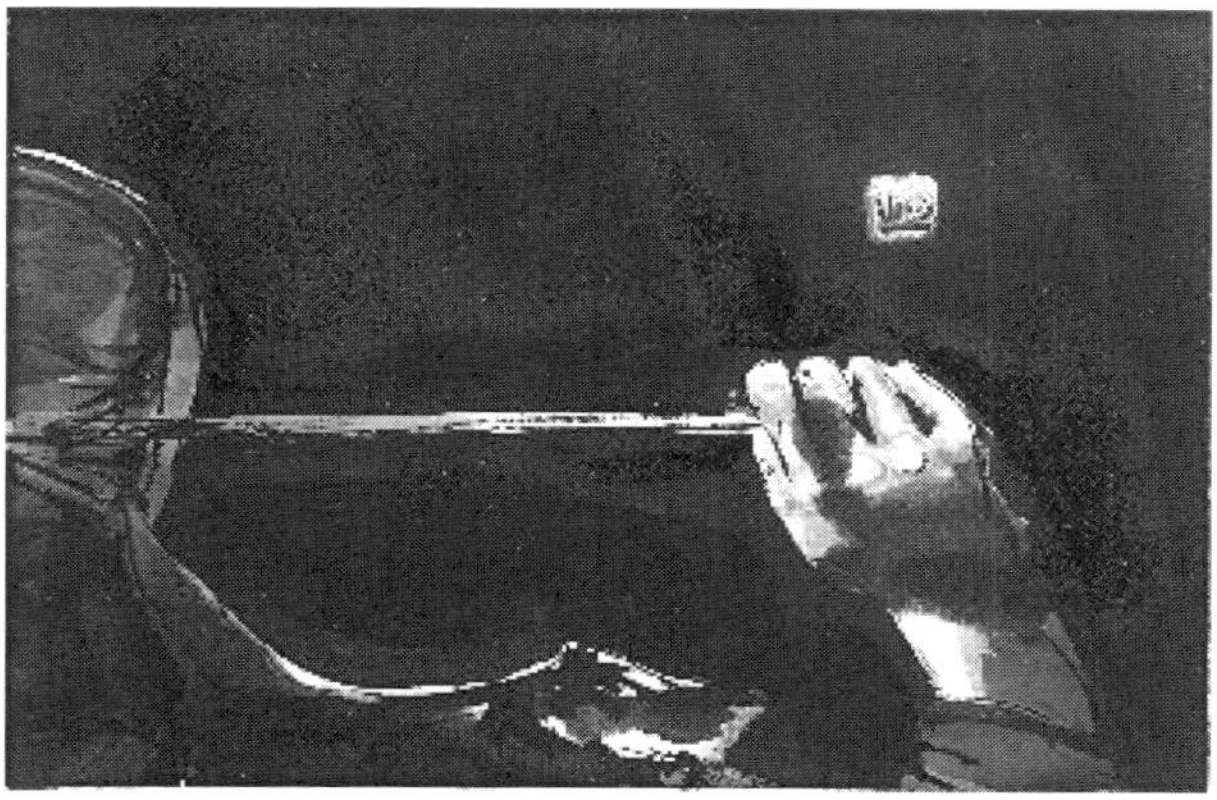

おわりに

熊本大学名誉教授川崎順一郎先生であれば、『この本で何を言いたいのか一言で言いなさい』と言われるでしょう。尊敬される親であり、教師であり、大人であり、そして、今述べてきたことに共感できる人であってほしいと願っています。剣道をすることで、学んだ事を、更に練り伝えていくこと、生き方のコアとして考えたいのです。

その人が出来上がるのは、「目標達成（勝利達成）が人を造るのではなく、それ（勝利）を目指す正義の過程が人を造るのだ」と考えたいのです。もちろん、目標達成によって次のステージへ発展することで人はさらに幅広く成長しますが、ここでも正義の過程がまた人を決定していくのです。だからこそ、楽しく学ぶ剣道、立派に勝とうとする部活動、健康のためにと始めた週何回かの剣道などいろいろな目標の違う剣道があっても、その最大公約数は、正に『活人剣』であるべきと願うのです。

「活人剣」を維持してこそ、百年後の剣道とつながることができるのであろうと思います。

最後に、この本の制作過程で「誰にこの本を読んでほしいのか？」と問われました。私は、剣道をする、しないに関わらず、信念を持って教える若き教師に、真剣に学ぼうとする生徒たちに、ぜひ読んでほしいと願っています。また、剣道を愛する全ての方にご一読を頂ければ幸いです。

剣道をしてよかったと人生の節々で思ってほしいのです。二十年先もう一度読み返してほしい本になってほしいと願います。

この本の制作にあたり中林廣子様をはじめとし、多くの方々にご協力とご援助を賜りました。お礼申し上げます。

著者プロフィール

村嶋恒徳

熊本高校・東京教育大学・筑波大学大学院。

茗溪学園中学校高等学校教諭（1979～）剣道教士。

著書に『武道学研究（アメリカカリフォルニア州に於ける剣道愛好家の意識調査）』、『中・高生のための剣道』（全国学校図書選定図書）初版本、『正課体育における剣道の共通短所の分析的研究』『みんなの剣道』（学研）、新刊『みんなの剣道』オンデマンドデジタル版（学研みらい）がある。

墨による剣道絵制作を趣味とし、展示会（熊本きむら・茨城トラッド・スタジオS・メモリーズ、けむりの里・つくばカピオ）など活動している。久留米武道館設置絵他・全日本学生剣道50年史・台湾語版剣道・剣道日本・詩本剣道つれづれ、徳島の剣道・北信越高校剣道大会・九州高校剣道大会・全国教職員大会（静岡）、茨城新聞社旗全国選抜剣道大会等、本の挿入絵や大会表紙絵など多数掲載履歴がある。

学び 練り 伝える
活人剣《かつじんけん》

発　行――平成30年9月1日　初版第1刷発行
著　者――村嶋恒徳
発行者――橋本雄一
組　版――株式会社石山組版所
編　集――株式会社小林事務所
発行所――株式会社体育とスポーツ出版社
〒101-0054 東京都千代田区神田錦町1-13 宝栄錦町ビル3F
TEL 03-3291-0911
FAX 03-3293-7750
http://www.taiiku-sports.co.jp

印刷所――新日本印刷株式会社

ISBN978-4-88458-416-0　C3075　Printed in Japan